TAKORADI ROUTE

In volo dalla fabbrica al fronte

Robert Robison

Titolo | Takoradi Route
Autore | Robert Robison
ISBN | 978-88-27861-63-9

Youcanprint Self-Publishing
Via Marco Biagi 6 - 73100 Lecce
www.youcanprint.it
info@youcanprint.it

TAKORADI ROUTE

PREFAZIONE

"Takoradi Route", un nome che evoca mete vagamente esotiche e ricche di fascino, con aeroporti situati presso città arabe dai mercati all'aperto, i "suq", pieni di colore, di merci e gente, abitazioni basse con le facciate dipinte di bianco e dai cortili verdeggianti, ombreggiati da palme da dattero da cui attingere liberamente. Tutto questo in contrasto con il deserto circostante.

Non la pensavano però in questi termini i piloti Alleati, "costretti" a percorrere questa assolata e pericolosa rotta africana per consegnare i velivoli loro affidati.

La Takoradi Route fu una delle rotte aeree sviluppate e ampliate durante la Seconda guerra mondiale che portarono le forze alleate alla vittoria.

Questa rotta, che partiva da Takoradi, sulla costa africana dell'attuale Ghana, all'epoca colonia britannica denominata Gold Coast, si dirigeva all'interno del "continente nero", fino a Khartum, in Sudan.

Da qui si diramava in differenti direzioni. Verso nord, la rotta per il Nord Africa e il Mediterraneo o a est, verso il fronte sovietico, per proseguire, se necessario, verso Karachi, in Pakistan, per prendere poi la rotta dell'Estremo Oriente.

Quella di Takoradi non fu, ovviamente, l'unica rotta percorsa dagli aeromobili americani e britannici anzi, questa faceva parte di un complesso di rotte molto più ampio, in parte collegate tra loro.

La Takoradi Route, a ben vedere, non partiva solo dalla Gold Coast ma, nella sua interezza, partiva addirittura dalla East Coast degli Stati Uniti per scendere giù, lungo le isole che punteggiano il Mar dei Caraibi, proseguendo lungo la costa dell'America meridionale fino in Brasile, per poi compiere il balzo attraverso l'Oceano Atlantico fino a Takoradi.

Così come la partenza era posta a migliaia di chilometri di distanza, anche l'arrivo non sempre coincideva con la costa dell'Egitto affacciata sul Mediterraneo. In alcuni casi la rotta proseguiva per rifornire di velivoli il delicato e vacillante, soprattutto nei primi anni di guerra, fronte orientale e del Pacifico.

Oltre alla Takoradi Route altre rotte furono utilizzate durante il conflitto, tra queste la rotta per le Aleutine e la più conosciuta, la rotta del Nord Atlantico.

Per completezza, in questo saggio, saranno analizzate anche le vicende che portarono il Brasile a "sposare" la causa americana, entrando in guerra a fianco degli Alleati, oltre che essere il principale punto di partenza per il "salto Atlantico".

Inoltre, poiché tutte queste rotte aeree facevano parte di un unico grande trasferimento di velivoli, illustreremo, brevemente, anche gli altri "corridoi" utilizzati dagli Alleati per la vittoria finale.

L'Autore

INTRODUZIONE

Verso la metà del 1942 il Terzo Reich aveva raggiunto la sua massima estensione geografica. Tutta l'Europa, escluso i paesi neutrali di Svizzera, Spagna, Portogallo, Irlanda e Svezia, era sotto il giogo nazista. Sul fronte orientale le armate germaniche erano giunte ad un passo dalla capitale sovietica.

In Nord Africa le truppe del Feldmaresciallo Erwin Rommel e del generale italiano Ettore Bastico erano, anche se a fasi alterne, ancora vittoriose.

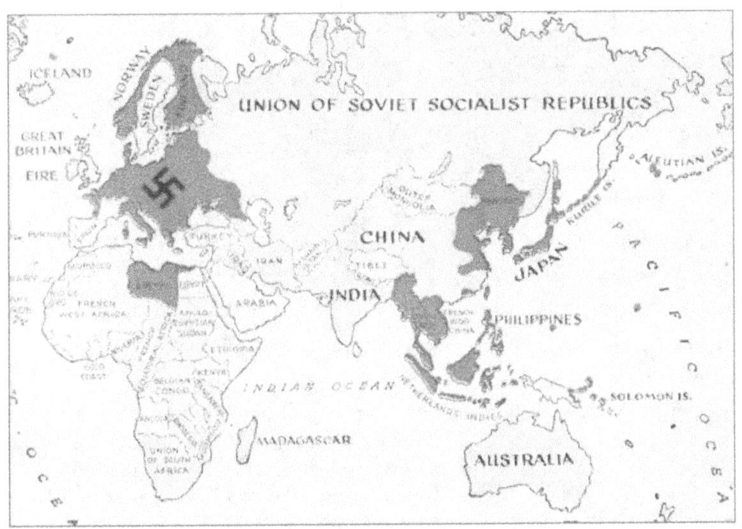

Mappa raffigurante la massima espansione dei territori conquistati dall'Asse (estate 1942).

In Estremo Oriente il Giappone continuava la sua corsa espansionistica occupando buona parte delle isole del Pacifico, il sud-est asiatico con Filippine, Thailandia, Laos, Cambogia, Birmania e minacciando da vicino l'Australia e l'India, colonia, quest'ultima, ancora sotto la Corona britannica.

Anche se l'Italia aveva perso già l'anno precedente le sue colonie di Etiopia, Eritrea e Somalia che si affacciavano sul Mar Rosso, rendendo così la rotta da e per il Canale di Suez più sicura al transito delle navi inglesi che rifornivano il fronte del Nord Africa, queste erano sempre soggette all'attacco dei sommergibili appostati lungo le rotte marittime percorse dai convogli alleati, in special modo quelle atlantiche.

Tra il settembre 1939 e il maggio 1945 ben 175 navi da guerra e 2840 mercantili furono affondati dagli U-Boot tedeschi in collaborazione, tra il 1940 e il 1943, con i sommergibili italiani, al prezzo di quasi 800 mezzi subacquei e i relativi equipaggi persi in quella che è ricordata come "Battaglia dell'Atlantico".

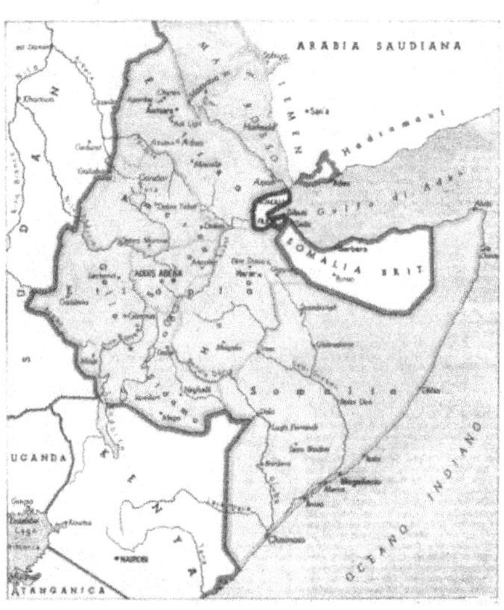

Africa Orientale Italiana (AOI). Fino alla caduta nel novembre 1941, i possedimenti italiani controllavano l'accesso al Mar Rosso e al Canale di Suez.

Inviare quindi via mare, dagli Stati Uniti e dal Canada, i rifornimenti necessari alla guerra in Europa era alquanto dispendioso, in termini di tempo e soprattutto di naviglio affondato.

Occorreva trovare una soluzione, almeno per il trasferimento degli aerei, così necessari sui vari fronti.

Per i caccia, dotati di limitata autonomia, date le loro ridotte dimensioni, era possibile, smontate le ali, stivarli sulle navi ma i velivoli più grandi, bimotori e quadrimotori, richiedevano un trasferimento studiato su misura.

Furono quindi istituite delle rotte aeree in cui gruppi di velivoli, alla stregua dei convogli navali, attraversavano l'oceano per raggiungere i teatri operativi.

Questo sistema permetteva di avere gli aerei, una volta giunti a destinazione, pronti al combattimento, senza doverli rimontare e collaudare, risparmiando tempo e uomini.

I trasferimenti costituivano anche un utile addestramento per piloti, navigatori ed equipaggi in generale che potevano così accumulare ore di volo addestrandosi alla navigazione sulle lunghe distanze.

Queste rotte, d'importanza strategica per gli Alleati, permisero di incrementare la loro forza aerea e, nel lungo periodo, sconfiggere le forze dell'Asse.

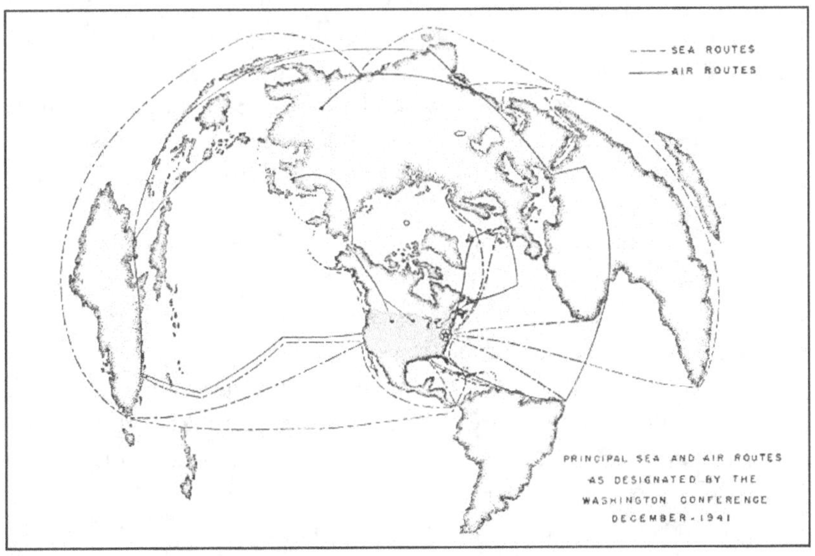

Schema delle principali rotte aeree (linea continua) e marittime (linea tratteggiata) utilizzate durante la Seconda guerra mondiale.

Gli albori – I primi trasferimenti aerei

Le origini del ferry flight, i voli di trasferimento, partono quasi in contemporanea con il primo volo effettuato da un mezzo più pesante dell'aria.

Dopo il periodo "pionieristico" e di sviluppo del nuovo mezzo aereo, nasce la necessità di trasferire i mezzi che escono dai laboratori artigianali e dalle prime fabbriche ai loro proprietari.

Ovviamente gli aerei dell'epoca, parliamo dei primi anni del Novecento, non avevano l'autonomia e la robustezza per intraprendere lunghi viaggi durante i quali era necessario, in molti casi, superare grandi distanze, volando sul mare, o valicare catene montuose con correnti ascensionali e cambi repentini di condizioni atmosferiche che i velivoli, ancora costruiti "artigianalmente" in legno e tela, non potevano sopportare.

L'unico metodo utilizzabile in caso di lunghe trasferte era di smontare il velivolo, caricarlo in casse predisposte e trasportarlo a destinazione con il treno o, nei viaggi oltremare, con navi mercantili.

Questo comportava, una volta giunti a destinazione, lo sballaggio e il successivo rimontaggio dei velivoli. Occorreva quindi mano d'opera specializzata con un aggravio dei costi e perdita di tempo.

Il 25 luglio 1909 Louis Blériot attraversa il Canale della Manica, volando da Calais a Dover in trentadue minuti con un aereo da lui progettato, costruito e pilotato, un Blériot XI. Il tentativo poi da parte di Geo Chávez che, con un medesimo modello di aereo, valica le alpi da Briga a Domodossola sorvolando il Passo del Sempione, il 23 settembre 1910, poco più di un anno dopo l'impresa di Blériot, tentativo coronato dal successo anche se l'aereo subirà un cedimento strutturale poco prima dell'atterraggio causando la morte del pilota, portano, pian piano, gli aerei verso l'età "adulta".

Foto sopra: preparativi prima del volo di un Blériot XI

In alto a sinistra: Louis Blériot. In alto a destra: Jorge Antonio Chávez Dartnell, meglio conosciuto come Geo Chávez.

Da sport riservato a pochi scapestrati e scavezzacollo, l'aviazione s'incanala verso un nuovo modo di viaggiare, anche se dovrà prima passare attraverso la guerra.

È proprio la Prima guerra mondiale che darà l'impulso per la crescita del trasporto aereo.

Con le nazioni europee contrapposte tra loro, l'aereo diventa una nuova "macchina da guerra" e, come tutte le macchine, deve raggiungere il fronte operativo per partecipare ai combattimenti.

Oramai il canale della Manica non è più visto come un ostacolo. Se i tedeschi lo attraversano con i loro dirigibili e aerei per bombardare Londra e le altre città inglesi, gli inglesi a loro volta lo oltrepassano per consegnare velivoli sul fronte francese. Le prime tratte ferry sono così tracciate.

Anche dall'Italia sono effettuati voli di trasferimento. Risulta interessante accennare al trasferimento di alcuni velivoli da parte della Marina militare statunitense.

La Marina degli Stati Uniti aveva acquistato nel 1917, dalle Officine Caproni, diciassette bombardieri pesanti trimotori Caproni Ca.44 (denominati Ca.5 per l'Esercito Italiano), da utilizzare in Francia.

Caproni Ca. 44, bombardiere trimotore (due eliche traenti e una spingente) di fabbricazione italiana. Fu prodotto in circa 660 esemplari.

I primi tre aerei partirono, il 21 luglio 1917, dalla fabbrica Caproni della Malpensa con destinazione Torino. Purtroppo solo due raggiunsero il capoluogo piemontese. L'equipaggio di uno dei bombardieri perse la rotta e atterrò, distruggendo l'aereo, nei pressi di Bra.

Il salto di là dalle Alpi per arrivare a Lione, causa maltempo, fu compiuto quattro giorni dopo, il 25 luglio. Gli equipaggi dei due velivoli rimasti, ben isolati da indumenti di lana e giacconi di pelle imbottiti per sopportare il freddo in quota, si arrampicarono fino a 14.000 piedi (circa 4500 metri) per valicare la catena montuosa. Soffrendo il gelo, con l'aereo in preda ai forti venti, riuscirono a condurre i primi velivoli di proprietà americana pilotati da americani, attraverso le Alpi e ad atterrare sull'aerodromo di Lione, accolti trionfalmente dai soldati francesi ed italiani. Ad attenderli anche l'ingegner Gianni Caproni, giunto sul posto per celebrare l'avvenimento.

Il mattino seguente i velivoli decollarono per Parigi. Causa problemi a un motore, un aereo dovette rientrare. L'altro proseguì ma una pioggia battente, incontrata poco prima di raggiungere la meta, costrinse l'equipaggio, complice il funzionamento anomalo di un motore, a un atterraggio di emergenza che si concluse con la distruzione del velivolo, fortunatamente senza gravi conseguenze per i piloti.

In sostanza, dei diciassette bombardieri Caproni acquistati dagli Stati Uniti, solo otto furono impiegati al fronte. Gli altri nove rimasero disseminati, causa incidenti, nei campi tra Milano e la "Ville Lumière", provocando la morte di cinque piloti.

La causa principale non era comunque da imputare al velivolo ma ai motori poco affidabili che utilizzava, tre Fiat A.12 da 250 cavalli ciascuno.

Come abbiamo visto il trasferimento di aerei era così effettuato già durante la Grande Guerra, anche se in misura minore, su distanze più corte e con risultati a volte deludenti.

Era però aperta la strada ai lunghi voli di trasferimento visti, prima come record da battere per ottenere fama e premi in denaro messi in palio da facoltosi industriali o associazioni aeronautiche, poi come possibile movimentazione di mezzi e persone per consentire di accorciare i tempi, i percorsi e le distanze.

Profilo laterale, frontale e superiore del Caproni Ca.44. Da notare la disposizione dei motori in configurazione traente – spingente e l'incastellatura del mitragliere posta sopra il motore posteriore.

Intermezzo tra le due guerre

Nel novembre 1918 termina la Prima guerra mondiale con la conseguente smobilitazione di migliaia di soldati. Tra questi centinaia di piloti.

Molti torneranno alla vita civile senza mai più pilotare un apparecchio. Altri, presi dal "germe" del volo, faranno di questo una professione rientrando nei ranghi dell'Aeronautica Militare o intraprendendo la carriera in ambito civile.

Terminata la guerra l'aereo ne uscì quindi notevolmente migliorato in termini di sicurezza, affidabilità e prestazioni. Anche i motori, infatti, divennero pian piano più potenti, permettendo velocità di crociera senza paragoni rispetto a quelle ottenute prima del conflitto.

Si inizia a guardare all'aeroplano come mezzo di trasporto con la nascita delle prime compagnie aeree che contribuiranno ai voli di lunga percorrenza.

Un assaggio dei primi voli transatlantici viene fornito dagli aviatori John Alcock ed Arthur Whitten Brown.

Bombardiere Vickers Vimy come quello utilizzato da Alcock e Brown.

Nel giugno 1919 decollano, con un bombardiere bimotore Vickers Vimy, dalle coste dell'isola di Terranova, in Canada, raggiungendo, sedici ore dopo, le coste irlandesi con un volo di 3200 chilometri condotto per la maggior parte sopra il mare. Così, tra il 14 e il 15 giugno si completa una pietra miliare della storia dell'aviazione. Questa impresa permise ai due piloti britannici di vincere il premio di 10.000 sterline messo in palio dal quotidiano *Daily Mail*, ricevendo anche altri premi di importo inferiore da parte di quelli che ai giorni nostri si definiscono "sponsor".

Per un'impresa ancora più "spettacolare", compiuta in questo caso da un singolo pilota a bordo di un aereo monomotore, dovremo aspettare il 21 maggio 1927 con il volo in solitaria di Charles Lindbergh a bordo del Ryan NYP (acronimo di New York – Paris), battezzato *Spirit of St. Louis*.

Una bella immagine del Ryan NYP in volo. Da notare l'assenza di un parabrezza vetrato. La visibilità anteriore era assicurata, oltre che dai finestrini laterali, da un rudimentale periscopio orizzontale a specchi con il visore installato accanto alla strumentazione di bordo.

L'Atlantico del Sud vide invece la prima trasvolata effettuata con successo nel 1922.

In quell'anno due aviatori portoghesi, Gago Coutinho (in qualità di navigatore) e Sacadura Cabral (pilota), a bordo di un idrovolante monomotore Fairey IIID battezzato *Lusitania*, compirono una trasvolata a tappe partendo, il 30 marzo 1922, da Lisbona e ammarando nella baia di Guanabara (Rio de Janeiro) il 17 giugno 1922. La traversata, che si svolse con tappe presso le Isole Canarie, le Isole di Capo Verde, Fernando de Noronha e lungo la costa brasiliana, con un percorso totale di 8383 chilometri e sessantadue ore e ventisei minuti di volo, richiese, causa avverse condizioni meteo e guasti al velivolo, ben settantanove giorni.
Ora però "l'Oceano" non faceva più paura, o quasi.

L'idrovolante Fairey IIID di Coutinho e Cabral nella baia di Rio de Janeiro dopo la conclusione del volo transatlantico.

Per un breve periodo, durante gli anni Trenta, sembrò che il dirigibile, sulle tratte oceaniche, fosse più affidabile anche se più lento. I passeggeri dei dirigibili avevano a disposizione spazi per "svaghi" impensabili sugli aerei: sala fumatori, sala lettura, sala per ascolto musica con tanto di pianoforte dedicato.

La tragedia del 6 maggio 1937, in cui prese fuoco lo Zeppelin LZ 129 *Hindenburg* mentre era in fase di attracco al pilone di ormeggio della Stazione Aeronavale di Lakehurst, nel New Jersey, causando la morte di trentacinque delle novantasette persone imbarcate, segnò la fine del trasporto passeggeri a bordo del più "leggero dell'aria".

A destra: l'Hindenburg in volo sopra la città di New York. A sinsitra: la tragedia di Lakehurst.

Si aprivano così le porte all'utilizzo degli aeroplani, inizialmente idrovolanti, considerati più sicuri per le lunghe tratte sul mare. Famosi furono i Boeing 314, conosciuti anche con il nome di "Clipper", della compagnia aerea Pan American World Airways (Pan Am). In seguito, con l'incremento delle prestazioni e la realizzazione di nuovi scali aerei, l'idrovolante fu soppiantato dai velivoli terrestri.

Sarà comunque sempre la guerra a dare impulso all'incremento dei trasferimenti transatlantici per mezzo di aeroplani.

Due locandine della PAN AM del periodo prebellico in cui è pubbliciz-
zato l'utilizzo dei "Clipper" sulle rotte transcontinentali.

Una nuova guerra investe l'Europa

Settembre 1939. A poco più di vent'anni di distanza dalla conclusione della Grande Guerra, un nuovo conflitto si abbatte sul Continente europeo per poi dilagare sull'intera superficie del globo.

Le truppe del Terzo Reich sembrano inarrestabili, invincibili. L'esercito riporta vittorie su tutti i fronti. La Luftwaffe la fa da padrona nei cieli mentre gli U-boot dell'ammiraglio Karl Dönitz infliggono gravi perdite al naviglio alleato.

L'Inghilterra si trova ormai isolata e sola nel suo ruolo di difensore della libertà.

In suo soccorso intervengono gli Stati Uniti. Anche se non ufficialmente in guerra (entreranno nel conflitto solo dopo l'attacco giapponese a Pearl Harbor il 7 dicembre 1941), grazie alla *Lend-Lease* (Legge Affitti e Prestiti) firmata dal presidente Franklin Delano Roosevelt, a partire dal marzo 1941 gli USA forniranno materiale ed equipaggiamenti, per un valore superiore ai 50 miliardi di dollari, alla Gran Bretagna, Unione Sovietica, Francia ed in minor misura, alla Cina.

Era previsto l'obbligo di restituire le somme di denaro prestato nell'arco di cinquant'anni e, anche se la data fu spostata in più occasioni, la Gran Bretagna estinse il debito il 29 dicembre 2006.

Gli accordi con l'URSS prevedevano invece la restituzione del materiale fornito, oppure questo doveva essere distrutto sotto controllo statunitense. Parecchi mezzi navali furono quindi restituiti agli USA al termine del conflitto, mentre numerosi velivoli furono distrutti. Purtroppo l'enorme quantità di materiale bellico rimasto in mano ai sovietici al termine della Seconda guerra mondiale, sommato ai debiti contratti e mai onorati dall'URSS in base alla *Lend-Lease*, pesano ancora oggi sui rapporti tra Stati Uniti ed ex-Unione Sovietica.

Questi aiuti, indispensabili per arrestare le truppe della Wehrmacht, erano consegnati essenzialmente via nave, con convogli carichi di materiale in partenza dalle coste statunitensi e canadesi diretti verso i porti inglesi e dell'Unione Sovietica.

Fino al 1943 i sommergibili tedeschi erano quasi incontrastati nelle acque dell'Atlantico. Con la tattica del "branco di lupi" attendevano in massa il passaggio dei convogli alleati per decimarli con attacchi portati, in particolar modo, verso i mercantili.

Buona parte del materiale andava così perso nelle profondità dell'oceano, e se purtroppo molto di questo materiale poteva essere trasportato solo per via marittima, così non era per gli aerei che potevano sfruttare la terza dimensione, l'aria, svincolandosi quindi dai trasporti navali con gli eventuali affondamenti, rendendosi autonomi nel loro viaggio verso le zone del conflitto.

Da qui la nascita del RAF Ferry Command inglese e dell'Air Transport Command (ATC) americano.

**Sopra a sinistra: l'emblema dell'Air Transport Command americano.
A destra: quello del Transport Command della RAF il cui motto ufficiale era: *"Ferio Ferendo"* (Ho colpito trasportando).**

L'approntamento degli aeroporti e i primi ferry flight

Per consentire una miglior organizzazione nella consegna dei velivoli costruiti in America la RAF (Royal Air Force), istituì, dal 20 luglio 1941, il RAF Ferry Command. Tra marzo e luglio 1941 l'organizzazione era denominata ATFERO (Atlantic Ferry Organisation), il cui compito principale era incentrato sul trasferimento in volo dei ricognitori/bombardieri leggeri Lockheed Hudson per il Coastal Command britannico. Il RAF Ferry Command sarà rinominato, il 25 marzo 1943, in RAF Transport Command.

Per i trasferimenti interni tra le varie basi o tra le fabbriche e le basi operative, fu istituito invece l'Air Transport Auxiliary (ATA). Questo servizio utilizzava principalmente personale civile, non impiegabile in guerra per sopraggiunti limiti di età o congedato dal servizio operativo, sollevando così i piloti dei reparti da combattimento dai compiti di trasferimento aeromobili.

Emblema dell'ATA con il motto ufficiale: *"Aetheris Avidi"* (Desideroso per l'aria).

Le unità dell'ATA, che aveva il suo Quartier Generale a White Waltham, nei pressi di Londra, erano basate su quattordici aeroporti, dislocati su tutto il Regno Unito. Da qui, tramite aerei da collegamento, solitamente Avro Anson o Fairchild Argus, i piloti si spostavano presso le industrie aeronautiche, o i punti di raccolta dei voli transatlantici, per prendere in consegna i velivoli e trasferirli presso le basi operative. Il personale dell'ATA, il cui motto non ufficiale era: *"Anything To Anywhere"* (Qualsiasi cosa Ovunque), arrivò a contare nei suoi organici più 3000 tra ingegneri, motoristi, montatori, specialisti e oltre 1150 piloti di cui circa 170 donne. Queste, inizialmente, furono adibite al solo trasferimento di velivoli leggeri, d'addestramento e da trasporto ma, dal 1943, furono abilitate anche al trasferimento di velivoli da bombardamento plurimotori (ad esclusione degli idrovolanti quadrimotori come il Short Sunderland).

Dalla sua formazione, il 15 febbraio 1940, al suo scioglimento, il 30 novembre 1945, l'ATA effettuò più di 308.500 voli di trasferimento, per un totale di oltre 415.000 ore di volo, volando 147 tipi di aeromobili differenti che comprendevano, tra questi, piccoli velivoli come i Tiger Moth ma anche aerei da combattimento come Spitfire, Hurricane, Mustang, Tempest, Mosquito, e bombardieri pesanti come Wellington, Lancaster, Halifax, B-17 Flying Fortress e parecchi altri.

Molti aviatori e aviatrici arrivarono dai "dominion" dell'Impero britannico (Australia, Canada, Nuova Zelanda, Sud Africa), da paesi neutrali come Cile ed Argentina o paesi occupati dai nazisti come Polonia, Francia, Paesi Bassi.

Tra i nomi delle aviatrici che prestarono servizio volontario spicca quello di Jacqueline Cochran, pilota statunitense che, dopo aver servito inizialmente nell'ATA, alla fine del 1942 rientrò negli Stati Uniti dove collaborò alla creazione della Women Airforce Service Pilots (WASP), organizzazione simile a quella britannica. Più di 1000 donne pilota statunitensi fecero parte delle WASP, portando a termine il trasferimento di 12.650 velivoli di settantotto differenti modelli, prima dello scioglimento dell'organizzazione nel dicembre 1944. Purtroppo la guerra chiese un tributo anche a questi reparti operati da personale civile: 174 piloti rimasero uccisi durante il loro servizio nell'ATA britannico, tra questi quindici erano donne. Tra le WASP si contarono trentotto perdite mentre una di loro, Gertrude Tompkins Silver, scomparve durante una missione di traghettamento. Di lei non si ebbero più notizie, il suo destino è tuttora sconosciuto.

Tre donne pilota membri delle WASP camminano lungo la linea di volo presso il Laredo Army Air Field, in Texas, nel gennaio 1944. Dietro di loro un Martin B-26 Marauder.

In questo contesto di guerra mondiale, non dobbiamo quindi dimenticare il ruolo avuto dalle donne.

Queste non solo prestarono la loro opera presso le fabbriche, gli uffici e in molte altre attività per sostituire gli uomini al fronte ma, molte di loro, entrarono di diritto nella storia del ferry flight. Senza dilungarci nella descrizione della loro preziosa opera, poiché esula dalla trattazione del presente libro e merita un approfondimento a parte, possiamo dire che il servizio reso all'Inghilterra e agli Stati Uniti fu considerevole. Pilotando i velivoli dalle fabbriche alle basi militari, liberarono i piloti maschi per i ruoli di combattimento. Dopo un primo periodo di "scetticismo" da parte degli ambienti militari, l'operato delle donne fu accolto con entusiasmo. Come per le donne dell'ATA britannico, anche le WASP potevano pilotare inizialmente solo aerei da collegamento e addestramento. Attraverso il pilotaggio degli aerei monomotori da combattimento, arrivarono quindi a essere abilitate al volo sui quadrimotori da bombardamento.

Come riconoscimento del servizio reso alla nazione, il 1° luglio 2009, il presidente Barack Obama e il Congresso degli Stati Uniti hanno conferito alle WASP la Medaglia d'Oro del Congresso, il più alto riconoscimento civile concesso dagli Stati Uniti.

I velivoli, soprattutto plurimotori, prima del *Lend-Lease Act*, erano acquistati in contanti dai produttori nord-americani e trasferiti dai piloti collaudatori dalle fabbriche della costa ovest statunitense, in particolare dalla California, fino agli aeroporti dislocati sulla costa atlantica. Qui erano presi in carico da equipaggi inglesi per compiere il tratto più impegnativo, il sorvolo dell'Atlantico del Nord, per giungere dapprima in Scozia e poi proseguire verso i teatri operativi.

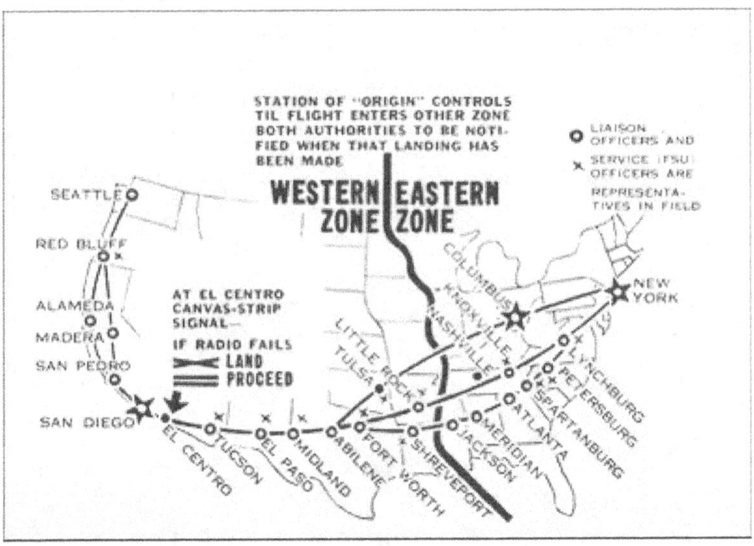

Schematizzazione delle rotte aeree che collegavano la costa occidentale alla costa orientale degli Stati Uniti da dove partivano le rotte transatlantiche per il Nord Europa e il Sud America.

La rotta che partiva dalle coste dello stato del Maine, toccando Goose Bay nel Labrador o Gander sull'isola di Newfoundland (Terranova) in Canada, attraverso la Groenlandia, l'Islanda fino a Prestwick in Scozia era, ed è tuttora, la rotta più breve per raggiungere l'Inghilterra con i velivoli a elica, soprattutto quelli dotati di scarsa autonomia come i monomotori.

La base di Goose Bay, in special modo, risultò essere il punto di partenza ideale per spiccare il volo transatlantico. La zona per creare questo nuovo aeroporto fu ispezionata già all'inizio del luglio 1941 e, sotto la pressione congiunta di Stati Uniti e Gran Bretagna, il Ministero dell'Aeronautica Canadese realizzò in tempi record tre piste dalla lunghezza di circa 2100 metri ciascuna.

I lavori furono portati a termine nel novembre dello stesso anno con i primi movimenti di velivoli il 9 dicembre 1941. Già a partire dalla primavera dell'anno successivo, la base *Alkali*, questo il nome in codice durante il conflitto, era in piena attività con lo smistamento del traffico aereo diretto verso le isole britanniche. Solo nel 1944 decollarono da Goose Bay più di 8000 velivoli diretti in Gran Bretagna.

L'aeroporto di Goose Bay, Labrador, come appariva nel 1943. Si possono vedere distintamente le tre piste poste a triangolo per essere utilizzate con qualsiasi direzione di provenienza del vento.

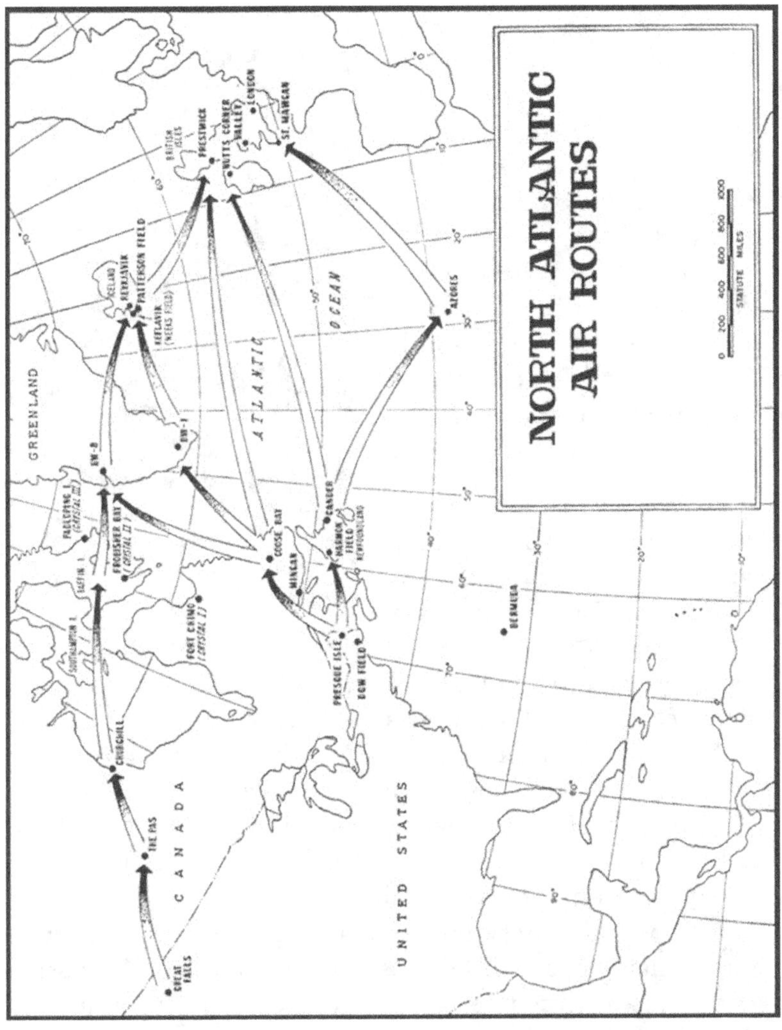

Rotte aeree del Nord Atlantico. Le rotte più a nord, identificate con il nominativo Crystal I, II e III, facevano parte della "Crimson Route", una serie di vie di trasporto per aerei e materiali verso l'Europa. Il progetto non fu mai completamente sviluppato e fu terminato nel 1943.

Uno dei primi tentatavi di volo in formazione attraverso il Nord Atlantico, per il trasferimento di aerei militari in Inghilterra, fu compiuto da sette velivoli bimotori Lockheed Hudson.

Sotto il comando dell'esperto pilota di origini australiane capitano Donald Clifford Tyndall Bennett, che raggiungerà, durante la sua carriera nella RAF il grado di

Donald Bennet fu il più giovane Air Vice Marshal della RAF. Morì il 15 settembre 1986, all'età di 76 anni.

Air Vice Marshal (equivalente a Generale di Divisione), la sera del 10 novembre 1940 gli Hudson decollarono dal campo volo di Dorval a Montreal, in Canada, diretti a Gander per rifornimento e controllo prima del balzo atlantico. Dei sette velivoli partiti, tre si persero durante il viaggio a causa delle avverse condizioni meteo. Gli altri quattro atterrarono, dopo undici ore di volo, in Irlanda del Nord, all'aeroporto di Aldergrove, nei pressi di Belfast. Fortunatamente anche i tre aerei dispersi arrivarono a destinazione con un'ora di ritardo, sani e salvi.

Nonostante il trasferimento sia stato un successo, le autorità britanniche erano disposte, vista l'impellente necessità di aerei, ad accettare perdite durante i ferry flight anche del 50% dei velivoli.

Purtroppo questa rotta, che lambisce il circolo polare artico, è particolarmente insidiosa, specie nei mesi invernali, con le condizioni del tempo che possono variare nell'arco di poche ore, rendendo difficoltose le operazioni aeree e pericoloso il trasferimento dei velivoli.

Si cercarono quindi delle alternative, con rotte più meridionali, meno soggette agli improvvisi cambiamenti atmosferici che caratterizzano le rotte del Nord Atlantico. Questo ovviamente esigeva un "prezzo da pagare": la maggior distanza che i velivoli dovevano percorrere per raggiungere la loro destinazione. La nuova rotta aumentava infatti le distanze di circa 10.000 miglia, più di 16.000 chilometri, rispetto al percorso settentrionale.

Una prima ipotesi fu di utilizzare l'isola britannica di Bermuda come trampolino di lancio verso l'aeroporto di Lajes sull'isola di Terceira, nelle Azzorre, per poi proseguire verso l'Inghilterra. Questo percorso aveva però due impedimenti. Il primo risultava essere la neutralità del Portogallo, a cui le isole Azzorre appartengono. Il secondo problema consisteva nella distanza tra l'aeroporto di Kindley, a Bermuda, e l'aeroporto posto sull'isola di Terceira, una distanza di circa 3500 chilometri, all'epoca eccessiva per la maggior parte dei velivoli, anche plurimotori.

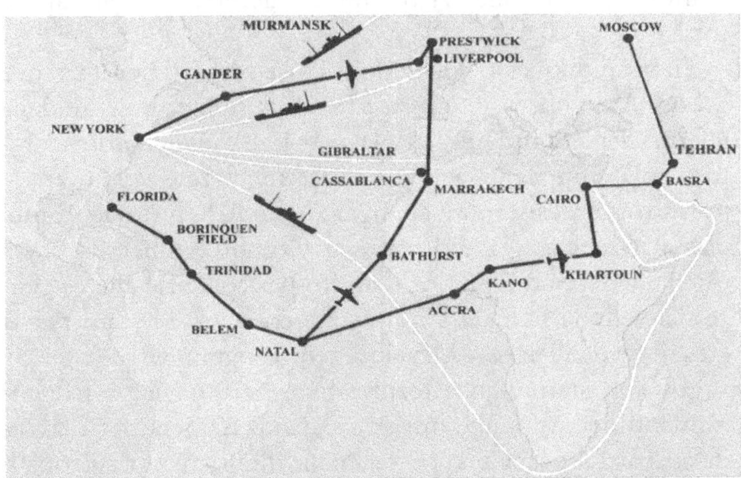

Un'esemplificazione delle principali rotte aeree e marittime per l'Europa, l'Africa e il Medio Oriente. Il segmento che da Natal porta a Marrakech verrà utilizzato dopo lo sbarco alleato in Algeria e Marocco nel novembre 1942.

Occorreva una rotta ancora più a sud per consentire ai velivoli di attraversare l'Atlantico con un ragionevole margine di sicurezza in termini di carburante e autonomia.

Questa fu identificata nella "gobba" del Brasile, quella protuberanza della costa, tra le città di Fortaleza e Recife, che si protende nell'Atlantico meridionale verso la costa africana. È il percorso più breve che unisce i due continenti.

A questo punto occorre fare un piccolo passo indietro e considerare il ruolo avuto dalla compagnia Pan Am come pioniera e sperimentatrice di queste lunghe tratte.

La Pan American, nata nel 1927 come operatore di idrovolanti dalla base di Key West in Florida, divenne una delle compagnie più importanti degli Stati Uniti volando, già tra le due guerre, in tutti e cinque i continenti.

I suoi equipaggi, soprattutto quelli utilizzati sulle tratte oceaniche, erano addestrati ai voli di lunga navigazione, con molte ore di volo all'attivo, conoscenza ed esperienza nei voli con navigazione astronomica utilizzata per tracciare le rotte.

In virtù di questo e avendo già voli regolari per il Centro e Sud America, il *Department of War* (Dipartimento della guerra) degli Stati Uniti strinse, nel 1940, un accordo segreto con la compagnia aerea per incrementare e migliorare le infrastrutture esistenti e allungare, quindi, le piste dei campi d'aviazione che già utilizzava ai Caraibi e lungo la costa orientale del Sud America. Questo per adattarle alle esigenze dei velivoli militari. Erano state così poste le basi per la creazione dell'Airport Development Program (ADP).
Il governo statunitense forniva ingegneri, tecnici e i finanziamenti necessari alle opere. La mano d'opera per i lavori di costruzione era invece reclutata direttamente sul posto tra la popolazione locale.

Nel gennaio 1941 iniziarono i lavori presso gli aeroporti delle isole caraibiche di Antigua, Santa Lucia, Giamaica e

Porto Rico. In seguito si passò ai campi sudamericani, tra questi quelli di Aruba e Curaçao nelle Antille Olandesi, nella Guyana britannica ed entro la fine del 1941 si rivolse lo sguardo agli aerodromi brasiliani di Belém, Natal e Recife.

La Guyana francese fu inizialmente scartata, come base di appoggio, poiché su di essa pesava l'indecisione da quale parte stare. Se, infatti, buona parte della popolazione parteggiava per Charles de Gaulle e il movimento della "France Libre" (Francia Libera), il governo della Guyana francese rimase fedele, fino al marzo 1943, al Governo di Vichy, quest'ultimo formalmente sotto controllo tedesco.

Nonostante queste premesse uno scalo nel territorio d'oltremare francese era ritenuto necessario. La Pan Am lo richiedeva per ragioni commerciali, mentre l'esercito lo reclamava per ragioni di sicurezza. C'erano, infatti, 440 miglia (circa 700 chilometri) da percorrere tra il campo volo di Zandery Field, nella Guiana olandese (oggi Suriname), e la regione di Amapá, prima zona utile come scalo in territorio brasiliano.

Coccarda raffigurante la "Croce di Lorena" simbolo adottato dalle forze armate della "Francia Libera". Era posta sulla fusoliera dei velivoli mentre sull'intradosso (ventre) delle ali era solitamente associata alla coccarda tricolore francese.

Sebbene le autorità locali fossero fedeli a Vichy, queste desideravano la costruzione dell'aeroporto e, per alcuni mesi del 1941, collaborarono con gli Stati Uniti e Pan American come "paravento" per realizzare lo scalo presso la capitale Cayenne. I lavori furono però sospesi nell'agosto 1941, principalmente a causa della pressione nazista che portò alla destituzione del governatore locale che aveva spinto la costruzione dell'aerodromo. Solo nel marzo 1943, con il mutare della situazione della guerra in Europa, i lavori ripresero slancio.

Altre nazioni sudamericane rientrarono nel piano di costruzione o potenziamento degli aeroporti. Sebbene non fossero indispensabili come scali per il ferry flight verso il continente africano, anche Paraguay e Bolivia beneficiarono di questi interventi. Per ragioni politiche il presidente Roosevelt approvò lo stanziamento di due milioni di dollari per la realizzazione di due campi in entrambi gli stati.

Diversa sorte toccò invece all'Uruguay. Non erano, infatti, previste operazioni aeree a sud di questo paese e, anche se l'esercito spingeva nella realizzazione di nuove basi, lo Stato Maggiore si oppose fermamente all'estensione del contratto per aprire basi in Uruguay, impedendo anche l'utilizzo di fondi per eseguire i lavori con altri mezzi.

Le risorse furono quindi utilizzate per l'espansione delle basi in Brasile, specialmente dopo il miglioramento delle relazioni tra questi e gli Stati Uniti. Il Brasile, infatti, non voleva perdere la sua posizione di neutralità e aveva inizialmente limitato l'utilizzo del suo territorio alle truppe americane.

In totale, a fine di giugno 1942, circa trentatré milioni di dollari erano stati assegnati ai lavori per gli aerodromi dell'America Latina.

Nonostante la lunghezza del percorso, le tratte verso sud furono percorse da un'enorme quantità di velivoli, truppe e rifornimenti diretti verso il Nord Africa, il Mediterraneo, il Medio Oriente, la Russia, la Cina e l'India.

Come esempio, solo nel mese di marzo 1944 ben 1675 aerei attraversarono l'Atlantico del Sud.

Per rendere più sicura la rotta tra la costa brasiliana e quella africana furono presi accordi con il Governo di Sua Maestà per l'utilizzo della base posta sull'isola di Ascensione. Qui gli americani costruirono la base aerea di Wideawake, così denominata a causa della numerosa colonia di sterne e uccelli marini che la popolano. Questi sono una costante minaccia a ogni decollo. Il rumore dei motori ha, infatti, l'effetto di far decollare enormi stormi di uccelli che possono causare danni ai propulsori e al velivolo.

Due immagini della pista di Wideawake in costruzione nel 1942.

I lavori, iniziati nell'aprile del 1942 da parte del 38th Engineer Regiment Combat statunitense, furono completati nell'arco di novantuno giorni. La base fu inaugurata ufficialmente il 10 luglio 1942, anche se il primo ad atterrare, con la pista ancora in fase di allestimento, fu l'equipaggio di un aerosilurante inglese Fairey Swordfish proveniente dalla portaerei HMS *Archer*, il 15 giugno 1942.

Un'altra immagine della pista dell'Isola di Ascensione. Da notare lo schieramento di Douglas C-47 Skytrain (Dakota era la sigla per i velivoli destinati al Regno Unito) e alcuni Consolidated B-24 pronti per il trasferimento.

La realizzazione di questa pista, con una lunghezza di 6000 piedi e larga 150 (circa metri 1800 x 45), comportò lo spostamento di 380.000 metri cubi di terreno e l'utilizzo di trentacinque tonnellate di tritolo. Furono realizzati inoltre piazzali per la sosta dei velivoli, vie di rullaggio, depositi di carburante, hangar e capannoni per il ricovero e la manutenzione dei mezzi. L'unica pista realizzata, poiché il vento soffia sostanzialmente in una sola direzione, ha orientamento sud-est, nord-ovest.

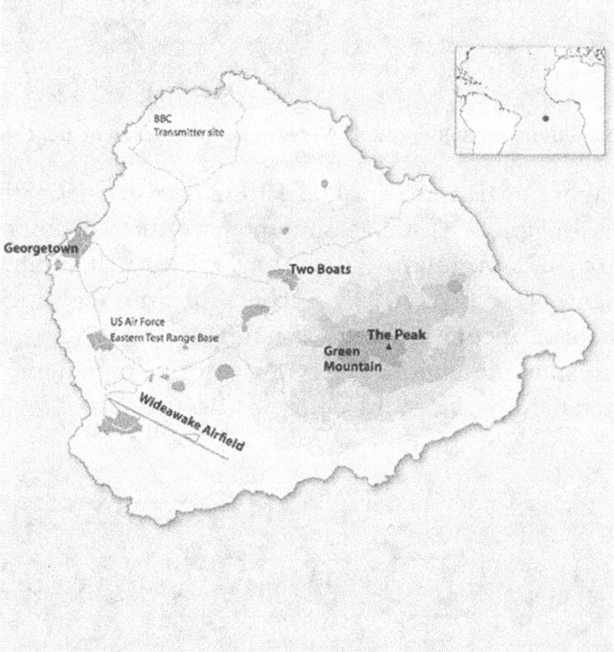

L'isola di Ascensione. La sua posizione, al centro dell'Atlantico meridionale, la rendeva un ottimo punto di approdo per i velivoli che effettuavano la traversata dalle coste del Sud America a quelle del continente africano.

Una linea sottomarina di tubazioni partiva dalla costa e si dirigeva al largo. Questo consentiva alle navi cisterna di scaricare il combustibile attraverso la condotta poiché la costa scoscesa dell'isola non permetteva la realizzazione di un porto adatto alle grosse navi, che erano così impossibilitate ad avvicinarsi all'isola. Il materiale doveva essere quindi trasbordato attraverso naviglio più piccolo.

Oltre a queste opere furono realizzati anche nuove strade, un ospedale, edifici per l'alloggio del personale, un sistema idrico per l'acqua potabile, postazioni di artiglieria e una stazione radar.

Grazie all'apertura di questa base la traversata dell'oceano fu così divisa in due tratte, cessando di esser un problema per mezzi ed equipaggi.

Con il programma ADP gli Stati Uniti, ancor prima del loro intervento attivo nel secondo conflitto mondiale, avevano programmato e messo le basi per la loro leadership nella guerra che si stava allargando su tutto il continente europeo e nordafricano.

Con grande lungimiranza avevano iniziato la pianificazione poco dopo il termine della Grande Guerra, in previsione di un nuovo conflitto. I piani di mobilitazione furono aggiornati e ampliati nel corso dei venti anni che separarono le due guerre. Tutto era già predisposto per questa evenienza e, quando si presentò, i piani furono "tolti dal cassetto" e messi in pratica.

La pianificazione prevedeva l'accantonamento di scorte di cui l'esercito avrebbe avuto bisogno, la conversione delle industrie civili in produzione di materiale bellico, i razionamenti, l'uso delle ferrovie per scopi militari e altri programmi che permisero alla nazione di entrare in guerra preparata, diventando così la forza trainante del conflitto.

Le rotte per il Sud America e la posizione del governo brasiliano

Come abbiamo visto, già dal novembre 1940, la Pan American era stata nominata agente del governo degli Stati Uniti per la realizzazione del cosiddetto Airport Development Programme (ADP), per la costruzione e il miglioramento di aeroporti su territorio straniero in tutta l'area caraibica, America Centrale, e Brasile, così come sul continente africano, in Liberia.

Durante la prima parte del conflitto, fino al dicembre 1941, la Pan Am si trovò ad operare sulle basi sudamericane con compagnie straniere, in particolar modo quelle considerate "nemiche": l'italiana L.A.T.I. (Linee Aeree Transcontinentali Italiane) e la tedesca Syndicato Condor, sussidiaria della Deutsche Luft Hansa.

Queste compagnie facevano scalo a Recife. L'aeroporto era il punto di arrivo della tratta oceanica che partiva dall'isola di Sal nell'arcipelago di Capo Verde, all'epoca possedimento portoghese.

Mentre Deutsche Luft Hansa effettuava verso l'America meridionale, fino al 1937, collegamenti con dirigibili, utilizzando i propri aerei per la tratte interne al Brasile e con gli stati limitrofi, la L.A.T.I. effettuò, tra andate e ritorno, a partire dal settembre 1939, duecentoundici voli transatlantici sulla rotta Roma – Siviglia – Villa Cisneros (oggi Dakhla, Sahara Occidentale marocchino) – Ilha do Sal per quanto riguarda la tratta europea, proseguendo poi per Recife, il tratto atlantico e fino a Rio de Janeiro, come tratta sudamericana, per un totale di ventitré ore di volo e una distanza percorsa di 9200 chilometri. Questa rotta, nell'estate del 1941, fu ampliata comprendendo la città di Buenos Aires, in Argentina.

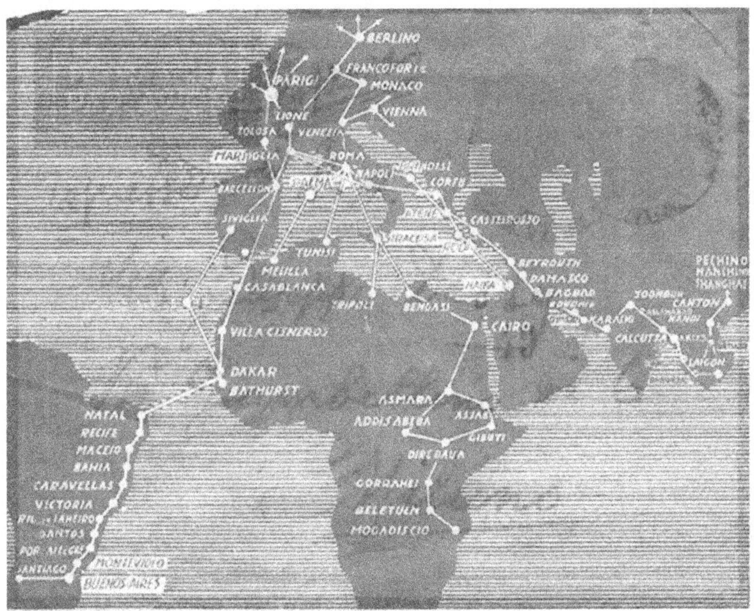

Nell'immagine, tratta da una vecchia cartolina di cui s'intravede ancora indirizzo e bollo postale, sono raffigurate le rotte gestite dalla compagnia italiana L.A.T.I. verso la fine degli anni Trenta. Come si può vedere queste coprivano l'Europa, l'Africa, il Sud America, il Medio Oriente e il sud-est asiatico.

La dichiarazione di guerra da parte dell'Italia nei confronti degli Stati Uniti, che controllava lo spazio aereo sull'Atlantico, mise termine ai voli della L.A.T.I. tra l'Europa e il Sud America. L'ultimo volo transatlantico da parte della compagnia italiana fu portato a termine, infatti, nel dicembre 1941.

Nell'iniziale contesto di "guerra non dichiarata", i dipendenti e responsabili Pan Am si trovarono ad operare sulle basi brasiliane contro spie e agenti dell'Asse che, travestiti da uomini d'affari, riuscivano ad avere accesso alle informazioni sulla realizzazione di nuovi aeroporti, il trasferimento di aerei, disponibilità del personale e, in alcuni casi, a trasformarsi in sabotatori, causando danni ai velivoli pronti per la traversata atlantica o installando rudimentali ordigni esplosivi nell'intento di provocare incendi nei depositi di combustibile. Tentativi spesso inconcludenti, scoperti sul nascere o prima che potessero provocare danni.

Dal dicembre 1941 le attività di spionaggio e sabotaggio si ridussero fino a scomparire. Tutte le persone "indesiderate" furono allontanate lasciando campo libero agli uomini della Pan Am, nonché a quelli dell'esercito americano.

Queste non erano comunque le sole attività che preoccupavano e minacciavano i progetti americani in Brasile.

Sia la compagnia tedesca sia la L.A.T.I. erano sospettate di compiere ricognizioni lungo la costa durante i voli transatlantici alla ricerca di naviglio britannico. Con ogni probabilità guidavano anche i sommergibili dell'Asse verso i mercantili per affondarli.

A questo proposito possiamo citare la forzatura del blocco navale da parte di alcune navi italiane.

Il 28 marzo 1941 partirono, come violatori di blocco, le petroliere italiane *Frisco* e *Franco Martelli*, rispettivamente da Fortaleza e Recife. In seguito, il 28 e 29 giugno, lasciarono i porti di Belém e Recife i piroscafi *XXIV Maggio*, *Butterfly* e *Mombaldo*. Per ultimi presero il largo, in data 30 e 31 luglio, i piroscafi *Africana*, *Stella* e la motonave *Himalaya*. Quest'ultima era già reduce, nel marzo 1941, di una "forzatura di blocco", unica unità di superficie riuscita a fuggire dalle colonie dell'Africa Orientale. Tutte le navi erano cariche di materiale strategico indispensabile per la guerra in Europa. Quest'attività coincise con un incremento di voli della compagnia italiana. Il sospetto, in questo caso, era che i velivoli guidassero il naviglio attraverso le maglie del controllo navale britannico in Sud Atlantico.

Per dovere di cronaca, degli otto tra mercantili e petroliere partiti in queste date dai porti brasiliani, una fu affondata, il *Franco Martelli*. Il piroscafo *Stella* fu invece catturato, al largo delle isole di Capo Verde, dall'incrociatore ausiliario britannico *Circassia*. Tutte le altre navi giunsero sane e salve nei porti francesi, ora controllati dall'alleato tedesco, di Bordeaux e Saint-Nazaire

Tutta quest'attività mise ulteriormente in allarme il governo degli Stati Uniti che riteneva, a ragion veduta, le compagnie aeree tedesche e italiane una minaccia. Furono così inserite nella lista delle ditte latinoamericane con le quali alle compagnie nordamericane era proibito operare.

La coabitazione delle compagnie americane con quelle appartenenti a stati dell'Asse divenne ancor più intollerabile, dal novembre 1941, quando furono istituiti i primi trasferimenti aerei tra il Brasile e la costa africana.

Già nel mese di ottobre erano state fatte pressioni presso il governo brasiliano per controllare ed eventualmente interrompere le attività aeree della L.A.T.I., ma questi era riluttante nel mettere in atto una simile richiesta.

Anche se era risaputo che sui velivoli della L.A.T.I. viaggiavano corrieri e agenti diplomatici sia tedeschi sia italiani, nonché probabili agenti segreti, il Brasile aveva interesse nel funzionamento della compagnia e dei collegamenti con l'Europa.

Anche altri fattori erano a favore delle ditte italiane e tedesche in Brasile.

Intorno alla metà degli anni Trenta la Germania era il maggior importatore del cotone brasiliano e il secondo importatore del caffè e cacao del paese sudamericano. In aggiunta, nel Brasile del presidente Getúlio Vargas, la Banca Tedesca per il Sud America aveva aperto più di trecento filiali.

Inoltre, in questo periodo, le forze brasiliane avevano anche la necessità di riarmarsi con nuovo e più moderno materiale militare.

Dato che gli Stati Uniti tendevano a fornire materiale superato e obsoleto, in quanto quello più moderno era necessario al proprio fabbisogno, Vargas ed il suo staff rivol-

sero l'attenzione verso le forniture germaniche, che risulta-
vano più moderne, nuove e appena uscite dalle fabbriche.

Nel marzo 1938 fu quindi firmato un contratto con la
tedesca Krupp per la fornitura di 1180 pezzi di artiglieria.
Oltre a questo, il contratto comprendeva anche la partecipazione di altre aziende tedesche per l'acquisizione di vei-
coli, macchinari, munizioni e quanto poteva essere utile per
una riorganizzazione dell'esercito "carioca".

Una commissione composta di funzionari e tecnici brasiliani partì, l'8 settembre 1940, per Berlino per visitare le
fabbriche e le infrastrutture germaniche adibite alla produzione del materiale richiesto.

Il presidente Vargas, per mantenere uno stato di ambi-
guità politica circa le sue intenzioni sulle future alleanze,
ordinò materiale militare anche agli Stati Uniti. Questo stato di precarietà preoccupava, però, il governo statunitense
che temeva un'alleanza tedesco-brasiliana, rischiando così
di privare gli Stati Uniti dell'aiuto e delle materie prime del
più grande stato dell'America meridionale.

Il presidente brasiliano Vargas (a sinistra) a colloquio con il presidente
americano Roosevelt a bordo della nave appoggio idrovolanti USS
Humboldt il 28 gennaio 1943 a Natal. Roosevelt era reduce dalla confe-
renza di Casablanca che si era svolta dal 14 al 24 gennaio 1943.

Il governo americano non rimase certo in attesa e in balia degli eventi. Escogitò quindi uno stratagemma per tentare di portare dalla sua parte Vargas.

Il Federal Bureau of Investigation (FBI), sotto la direzione del direttore John Edgar Hoover, con la partecipazione del British Security Coordination (BSC), realizzò una falsa lettera su carta intestata della L.A.T.I., utilizzando lo stesso tipo di carta in uso in Italia in quel periodo, con timbri e firma contraffatta e battuta a macchina con una macchina da scrivere italiana "Olivetti", per meglio rappresentare le imperfezioni di scrittura di quel tipo di macchina.

In questa falsa lettera, che aveva come mittente il Direttore generale della L.A.T.I. in Italia e indirizzata al rappresentante della compagnia in Brasile, il presidente brasiliano Vargas era nominato come: *«piccolo uomo grasso»*. La lettera conteneva inoltre riferimenti alla possibile alleanza con gli Stati Uniti da parte brasiliana e che, per evitare questo, erano necessarie misure drastiche che sarebbero state messe in atto dai tedeschi.

La lettera fu fatta pervenire da agenti americani, come documento segretato, nelle mani di Vargas. Quest'ultimo, prendendo per autentico quanto scritto, pone in essere la decisione di revocare i diritti di atterraggio e far sospendere i voli della linea aerea italiana.

Il 27 dicembre 1941, venti giorni dopo l'entrata in guerra degli Stati Uniti, le Linee Aeree Transcontinentali Italiane furono così costrette a cessare l'attività sul suolo brasiliano.

Furono inoltre interrotte le relazioni diplomatiche con la Germania nazista, portando così il Brasile a entrare completamente nella sfera delle relazioni con gli Stati Uniti.

Come rappresaglia a questa decisione Hitler fece estendere, dal gennaio 1942, le operazioni navali dei suoi U-boot anche alle acque del Sud Atlantico, con ordine di affondare qualsiasi naviglio battente bandiera brasiliana. Questo porta il Brasile a schierarsi definitivamente con gli Alleati e a dichiarare guerra alle forze dell'Asse il 22 agosto 1942.

Occorre anche accennare che, prima di questi eventi, gli Stati Uniti avevano già organizzato una "dimostrazione di forze" nel novembre 1939, in occasione del 50° anniversario della proclamazione della Repubblica Brasiliana, avvenuta il 15 novembre 1889.

In quell'occasione furono inviati, in un tour dimostrativo attraverso vari stati sudamericani, uno squadrone del più moderno aereo da combattimento all'ora in uso presso le forze americane, il bombardiere quadrimotore Boeing B-17 Flying Fortress.

Sette velivoli, al comando del tenente colonnello Robert Olds, e con comandante in capo il generale Delos Carleton Emmons, decollarono da Langley Field, in Virginia. Il volo di andata si svolse lungo la costa ovest del continente sudamericano toccando Panama, Ecuador e Perù per poi, attraverso Bolivia e Paraguay, giungere sulle coste del Brasile. Da qui i velivoli, che nel frattempo avevano imbarcato nove aviatori delle forze brasiliane, risalirono la costa atlantica fino al rientro a Langley.

Il Lieutenant General Emmons (1889-1965) fu anche governatore militare delle Hawaii all'indomani dell'attacco a Pearl Harbor.

Oltre agli scopi diplomatici che un raid di questo genere porta con sé, il fine ultimo era di impressionare le nazioni sudamericane, in special modo Argentina, Uruguay e Brasile, nazioni con un gran numero di emigrati italiani e tedeschi di chiara simpatia fascista e nazista.

La preoccupazione statunitense che gli stati sudamericani, visto l'attrazione di una parte della popolazione e di alcuni capi di governo verso questi due regimi di stampo dittatoriale, potessero cadere sotto il "domino" della Germania nazionalsocialista, era così cancellata.

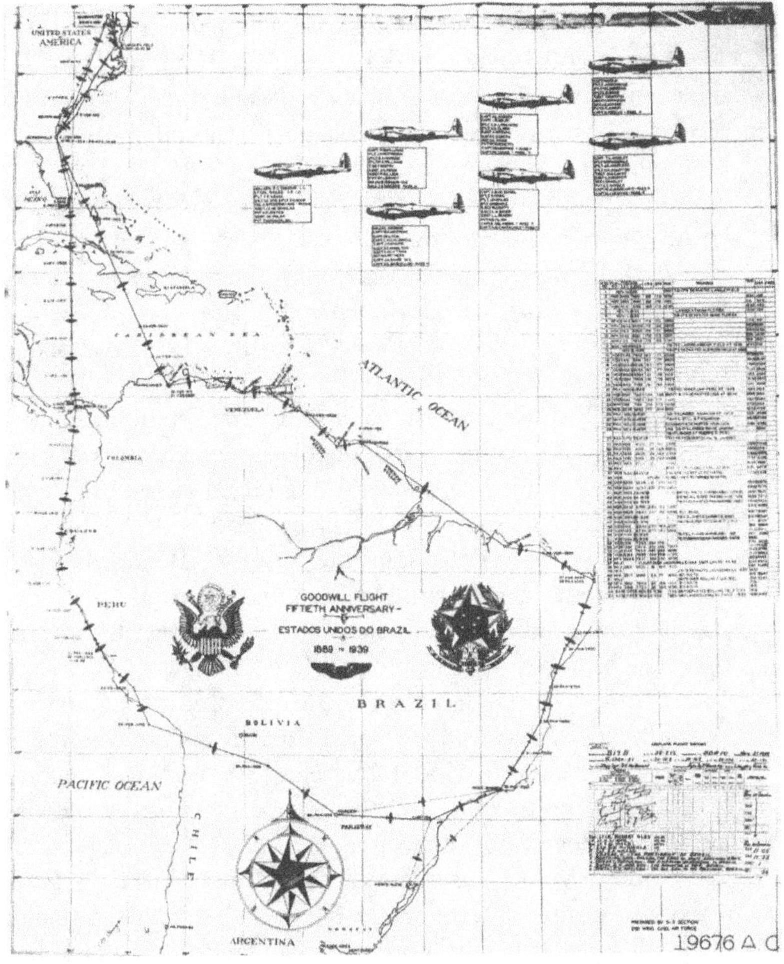

La rotta seguita dai sette velivoli B-17 nel novembre 1939 durante il volo verso il Brasile e ritorno negli Stati Uniti.

Le basi aeree brasiliane

La FAB (Força Aérea Brasileira) operava con i propri velivoli da dodici aeroporti lungo la costa del Brasile.

Questi aeroporti saranno, grazie all'intervento della Pan Am, con la collaborazione del governo statunitense, ampliati ed utilizzati sia come trampolino di lancio per le tratte attraverso l'Atlantico del Sud, sia come basi per effettuare pattugliamenti antisommergibile.

Gli aerodromi dislocati lungo la costa, partendo dal confine con la Guyana francese scendendo giù fino al confine con l'Uruguay erano: Belém, Fortaleza, Natal, Recife, Salvador de Bahia, Rio de Janeiro con gli scali di Galeão e Santa Cruz, Santos, San Paolo, Curitiba, Florianopolis e Canoas.

Alcuni di questi, come Natal e Recife, erano maggiormente utilizzati come scalo per il salto atlantico. Gli altri erano scali intermedi o utilizzati dalle forze aeree brasiliane per l'attività di perlustrazione delle coste.

Prima dell'intervento statunitense la FAB era equipaggiata con materiale alquanto eterogeneo. In totale possedeva, distribuiti sulle basi appena citate, 414 velivoli di vario tipo, dai bimotori multiruolo Focke-Wulf Fw 58 Weihe di costruzione tedesca, ai Vultee V-11 monomotori da attacco al suolo, agli addestratori North American T-6 Texan, ai bimotori Beechcraft Model 18 nella loro versione militare AT-11, per finire con il cacciabombardiere monomotore biposto Vultee A-31 Vengeance.

In questa veloce carrellata di velivoli utilizzati dalla FAB possiamo notare l'eterogeneità di modelli, alcuni acquistati in pochi esemplari, che non contribuivano certo nel collocare la Forza Aerea Brasiliana, nonostante la vastità del suo territorio, tra le meglio fornite del continente americano.

In seguito all'attacco giapponese a Pearl Harbor che sancì l'ingresso in guerra degli Stati Uniti, per proteggere le basi aeree in territorio brasiliano, il governo statunitense decise l'invio di un contingente di Marines.

Fu richiesta l'autorizzazione al governo brasiliano ma questi, inizialmente, rifiutò la proposta. Solo in seguito ad azioni diplomatiche, il governo Vargas acconsentì alle truppe statunitensi di entrare sul suo territorio, anche se con delle iniziali limitazioni. Si richiedeva che le truppe non fossero in uniforme e non portassero armi. I militari dovevano essere utilizzati quindi solo come tecnici aeronautici. Solo dopo aver sciolto questo nuovo groviglio diplomatico, tre compagnie di Marines, composte ognuna da cinquanta militari, che erano partite per via aerea il 15 dicembre 1941 dalla base d'addestramento di Quantico, in Virginia, raggiunsero le loro destinazioni. La prima compagnia arrivò nella città di Belém il giorno 19 dicembre mentre le altre due furono a destinazione il 20 dicembre presso le basi di Natal e Recife.

Lo scopo di queste truppe era proteggere gli aeroporti, di familiarizzare con le forze brasiliane, con la zona d'operazione e mettere le basi per un successivo più consistente concentramento di forze.

Solo qualche giorno prima la Marina statunitense aveva inoltre inviato, presso il porto di Natal, nove velivoli Consolidated PBY-5 Catalina e la nave appoggio idrovolanti USS *Clemson* per iniziare le operazioni di pattugliamento aereo antisommergibile al largo delle coste brasiliane.

Con questi primi interventi fu così rinforzata la futura collaborazione tra Stati Uniti e Brasile.

Solo dopo che il presidente Getúlio Vargas optò per l'alleanza con gli Stati Uniti, questi ultimi si decisero a fornire materiale più moderno e adeguato alle esigenze.

Fu, infatti, con il North American B-25 Mitchell di costruzione americana che il Brasile portò il suo primo attacco alle forze dell'Asse il 22 maggio 1942. Il velivolo, di base a Fortaleza, con equipaggio misto FAB e USAAF, identificò e attaccò un U-Boot tedesco che navigava in superficie tra l'isola Fernando De Noronha e l'arcipelago di San Pietro e Paolo. Alla data dello scontro, nonostante il Brasile fosse ancora in stato di neutralità (dichiarerà guerra solo il 22 agosto dello stesso anno), in base agli ordini ricevuti, l'equipaggio poté attaccare poiché fu bersaglio di un nutrito fuoco antiaereo da parte del sommergibile tedesco.

Il B-25 con insegne brasiliane ed equipaggio misto statunitense-brasiliano, che prese parte al primo attacco a un sommergibile tedesco.

Il primo affondamento di un U-boot da parte di un velivolo brasilino avviene, invece, il 31 luglio 1943. In quella data il PBY Catalina battezzato *Arará*, partito dalla base di Galeão, individua l'U-boot *U-199* (Tipo IX-D2) che naviga in superficie al largo della costa brasiliana di Rio de Janeiro. Il sommergibile, già attaccato in precedenza da un PBM Mariner e un Hudson, è danneggiato ma ancora in condizioni di navigare. Il Catalina, pilotato dall'Asp.Av. Alberto Martins Torres, intervenuto su segnalazione da parte dei due velivoli precedenti, sgancia tre bombe di profondità

Mk.44 che colpiscono il sommergibile, affondandolo. Quarantanove marinai restano uccisi mentre altri dodici, tra cui il comandante, il Kapitänleutnant Hans-Werner Kraus, riescono, anche grazie ai battellini di salvataggio lanciati dal Catalina, a salvarsi. Saranno recuperati in seguito dalla nave appoggio idrovolanti statunitense USS *Barnegat* e tradotti in prigionia negli Stati Uniti.

Vista anteriore del PBY Catalina "Ararà". Il nome è ereditato da una nave mercantile brasiliana che fu affondata qualche tempo prima da un altro U-boot.

La rotta africana

Come detto in precedenza, l'entrata in guerra dell'Italia al fianco della Germania nazista, nel giugno 1940, creerà agli inglesi grossi ostacoli per il trasferimento di velivoli verso il teatro operativo nordafricano.

Il Mar Mediterraneo era ora inagibile, o per lo meno, pericoloso per il passaggio dei convogli inglesi che da Gibilterra facevano la spola con l'Egitto sulla direttrice Gibilterra – Malta – Alessandria.

Il Duce considerava l'Italia una "portaerei naturale" protesa nel Mediterraneo. Le sue forze navali e aeree controllavano il Canale di Sicilia attraverso il quale erano costretti a passare i rifornimenti inglesi per il fronte egiziano. Lo stesso dicasi per il Mar Rosso. In questo teatro operativo le colonie italiane dell'AOI (Africa Orientale Italiana), anche se disponevano di armamenti obsoleti, minacciavano le rotte da e per il Canale di Suez.

Anche quando questa minaccia si ridusse, come nel caso del settore Mediterraneo, o venne meno dopo la caduta e l'abbandono da parte delle forze italiane dell'AOI nel novembre 1941, il viaggio dall'Inghilterra all'Egitto via nave risultava lungo e non privo di pericoli. Il periplo dell'Africa, passando per il Capo di Buona Speranza, risalendo il continente fino al Corno d'Africa per poi addentrarsi nel Mar Rosso fino a Suez, comportava un viaggio di circa 12.000 miglia nautiche (oltre 22.000 chilometri).

Come si può valutare, un simile percorso richiedeva per via marittima, nel migliore delle ipotesi, otto-dieci settimane di viaggio, senza contare che la prolungata permanenza in mare, oltre che allungare la linea dei rifornimenti, rendeva i mercantili soggetti ad attacchi da parte dei sommergibili o delle navi corsare tedesche che incrociavano in Atlantico.

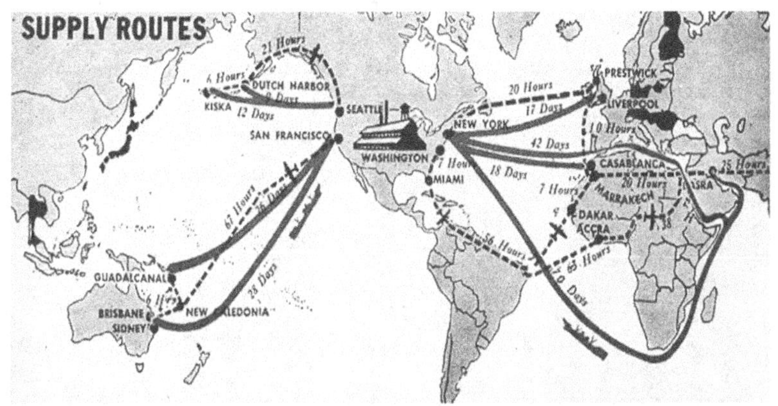

In questa cartina sono riportate le rotte e i tempi di percorrenza stimati sia per le tratte navali che aeree. Com'è facilmente valutabile, con i trasferimenti in volo dei velivoli, si risparmiavano intere settimane rispetto alla consegna via mare.

L'Air Ministry britannico chiese quindi l'apertura di una nuova rotta per ridurre i tempi di consegna dei velivoli e del personale sul fronte dell'Africa settentrionale dove, in quel momento, si stavano fronteggiando le forze inglesi e quelle italiane, supportate, queste ultime, dall'Afrikakorps del generale Rommel.

Sebbene aerei bimotori come i Vickers Wellington, Bristol Blenheim e Beaufighter continuassero a essere trasferiti in volo via Gibilterra, per i caccia monomotori dotati di minor autonomia si cercò di risolvere il problema utilizzando le portaerei della Royal Navy. Queste, partendo da Gibilterra cariche di aerei da caccia (Spitfire e Hurricane in particolare), giungevano al limite dell'autonomia massima consentita dai velivoli per poi lanciarli in volo. I caccia raggiungevano così autonomamente la loro destinazione. Si cercava di rifornire, con particolare riguardo, l'isola di Malta che si trovava sotto assedio da parte delle forze aeronavali dell'Asse.

Questo metodo aveva però lo svantaggio di poter movimentare un numero limitato di aeromobili, che dovevano per altro attraversare zone controllate dal nemico, mettendo inoltre a repentaglio le stesse portaerei, costrette al ruolo di "trasporti", distogliendole da eventuali azioni offensive, sicuramente più efficaci.

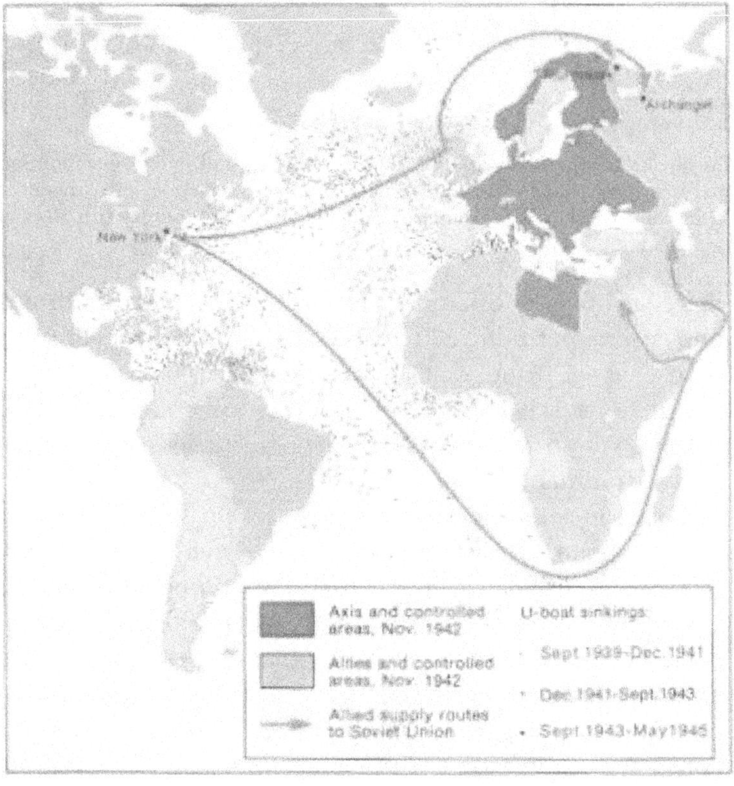

Le principali rotte di rifornimento marittimo: a sud per il teatro africano e mediorientale, a nord la rotta per rifornire l'Inghilterra e l'Unione Sovietica. I punti rappresentano la posizione dei mercantili affondati, dall'inizio alla fine della guerra, dai sommergibili tedeschi.

Le rotte "sicure" erano limitate. L'unica utilizzabile in sicurezza fu identificata nella "Takoradi Route". I velivoli, caricati smontati a bordo di navi mercantili, partivano via mare dall'Inghilterra e, dopo tre settimane di viaggio, giungevano sulla costa ovest del continente africano, al porto di Takoradi, possedimento britannico della Gold Coast (Costa d'Oro).

Tecnici e ingegneri rimontavano gli aerei che partivano quindi per un viaggio di 3700 miglia (quasi 6000 chilometri) attraverso la Nigeria, il Ciad (all'epoca facente parte degli stati dell'Africa Equatoriale Francese), il Sudan, fino a giungere al Cairo, in Egitto, sulle rive verdeggianti del Nilo.

Questa rotta ricalcava quella prebellica utilizzata dalla Imperial Airways, incorporata nel 1939, insieme alla British Airways Ltd, nella BOAC (British Overseas Airways Corporation).

Gli itinerari aperti dall'Imperial Airways, oltre a comprendere rotte verso l'Estremo Oriente, l'Australia, il Nord e Sud America, interessavano anche il continente africano raggiungendo, come destinazione finale, Città del Capo in Sudafrica. Una diramazione che partiva dallo scalo di Khartum, in Sudan, raggiungeva Lagos, in Nigeria per proseguire verso Takoradi e Bathurst, oggi Banjul, capitale del Gambia. Proprio quest'ultima rotta, con partenza da Takoradi, fu quella scelta per trasferire i velivoli della RAF e, successivamente all'entrata in guerra degli Stati Uniti, anche quelli dell'USAAF.

Partendo da Takoradi, dopo seicento chilometri, gli equipaggi facevano un primo scalo per rifornimento a Lagos, in Nigeria. Questo prima tappa era caratterizzata, tra aprile e novembre, da violenti temporali. Da Lagos proseguivano con una rotta per nord-est, sorvolando ottocento chilometri di fitta giungla, diretti verso Kano, sempre in Nigeria, dove trascorrevano la notte. Durante questa tratta gli equipaggi avevano a disposizione un punto di riferimento importante per la navigazione, la confluenza del fiume Kaduna con il fiume Niger, riferimento posto all'incirca a metà percorso. Erano inoltre disponibili, in caso di avaria, i campi di emergenza di Oshogbo, Minna e Kaduna.

La base di Kano, nel settembre 1940, fu protagonista della diserzione di un equipaggio francese. Nella località di Katsina, posta a circa centocinquanta chilometri a nord-ovest di Kano e a circa venti dal confine con il Niger, atterra un biplano biposto Potez 25 TOE (Théâtre d'Opérations Extérieures). Il velivolo è pilotato da due aviatori francesi che, con ogni probabilità, vogliono passare dalla parte alleata. Un camion è inviato sul posto con il carburante necessario per proseguire il volo fino a Kano. Uno dei due aviatori è sostituito da un pilota britannico mentre l'altro prosegue il viaggio con il camion. Una volta giunto a Kano, i magneti del velivolo furono smontati per impedirne l'uso.

Il Potez 25 TOE fu la variante maggiormente prodotta in serie. Fu realizzato in 2270 esemplari su un totale di circa 4000 esemplari prodotti di tutte le versioni.

Tornando alla rotta, si proseguiva poi verso est, in direzione di El Geneina, oltre milleseicento chilometri da volare sopra territori disabitati, sorvolando paludi, sabbia, piccoli villaggi con capanne di fango, i territori rocciosi e ostili del Ciad, fino a giungere sopra gli assolati deserti del Sudan. Questa tratta era spezzata da punti di rifornimento predisposti presso gli avamposti militari di Maiduguri (in Nigeria,

nei pressi del lago Ciad), e in caso di necessità Fort-Lamy
(oggi N'Djamena), in Ciad.

Il Ciad, come già detto in precedenza, faceva parte
dell'allora Africa Equatoriale Francese, territorio che aderì
al movimento della Francia Libera, sotto la guida del generale Charles de Gaulle. I piloti avevano così la consolazione
di volare tutta la rotta sopra territori diplomaticamente fa-
vorevoli, anche se ostili dal punto di vista geografico. Presso El Geneina passavano la seconda notte di riposo.

Tappa successiva: El Fasher. Trecento chilometri di deserto per poi proseguire sempre verso est, per altri cinque-
cento chilometri, fino a El-Obeid, già storica stazione di sosta carovaniera. Si raggiungeva quindi, percorrendo altri
trecentosettanta chilometri, Khartum, capitale del Sudan,
cercando di vincere le tempeste di sabbia tipiche dell'Africa
Centro Orienta-
le. Qui gli equi-
paggi facevano,
solitamente, la
terza e ultima
sosta notturna
del percorso.

Ora la rotta
prendeva dire-
zione nord, con
tappa per rifor-
nimento a Wadi
Halfa, sulle rive

Foto aerea della base RAF di Abu Sueir nel 1939.
La base ricopriva una posizione strategica per la
difesa del Canale di Suez.

del lago Nasser, al confine tra Sudan ed Egitto. Questi erano altri ottocentocinquanta chilometri da percorrere sotto il
sole infuocato e sopra un deserto privo di riferimenti. Il volo proseguiva sempre verso nord, direzione Luxor, da utilizzare come alternato in caso di emergenza, seguendo il
corso del Nilo con le sue rive verdeggianti che si stagliano
sul giallo/ocra del deserto che si estende a perdita d'occhio.

Ora, grazie al grande fiume, la navigazione è facilitata e i piloti possono rilassarsi in previsione dell'arrivo ormai prossimo. Da Wadi Halfa, percorrendo gli ultimi ottocento chilometri, ecco la meta finale, la base RAF di Abu Sueir, nei pressi della città di Ismailia, circa centoventi chilometri a nord-est del Cairo. Prima dell'atterraggio gli equipaggi potevano ammirare l'imponente spettacolo delle piramidi e la città del Cairo che scorreva sotto le loro ali.

La distanza così percorsa, dalla partenza da Takoradi fino all'arrivo nella capitale egiziana, era di oltre 5800 chilometri (circa 3600 miglia), da percorrere sorvolando territori disabitati, giungla, deserto, senza punti di riferimento, senza assistenza. Si doveva a volte combattere con le tempeste di sabbia, le nebbie sulla foresta equatoriale, le alte temperature che surriscaldavano i motori e gli abitacoli, con la paura che, in caso di guasto meccanico e successivo atterraggio di fortuna, potevano volerci giorni prima di essere soccorsi, sempre se si riusciva nel frattempo a sopravvivere alle condizioni estreme imposta dalla natura dei luoghi.

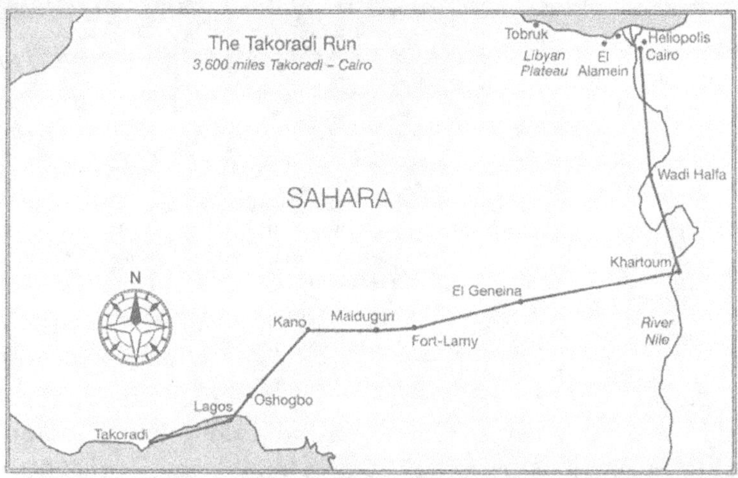

Le tappe che caratterizzavano la "Takoradi Route". Questa era la rotta seguita dai piloti che trasferivano gli aerei da combattimento da Takoradi al Cairo.

Un viaggio che impegnava gli equipaggi per circa venti-quattro ore di volo, distribuite nell'arco di cinque giorni, senza contare eventuali soste forzate causa maltempo o avaria. Concluso il trasferimento dell'aereo loro affidato, rientravano a Takoradi per una rotta opposta, questa volta a bordo di aerei da trasporto Lockheed L-18 Lodestar e de Havilland DH.86 (entrambi della BOAC) o Bristol Bom-bays (RAF), dividendo i piccoli sedili e le turbolenze con altri piloti anche loro impiegati nei ferry flight. Nel febbraio 1942 fu proposto di utilizzare anche i bombardieri Short Stirling riconvertirti al ruolo trasporti, ma di questo non se ne fece nulla. I quattro motori radiali Bristol Hercules di cui era dotato fornivano scarse prestazioni, sopratutto in decol-lo. Un problema non indifferente nel clima estremo come quello del continente africano.

Sopra a sinistra: un Lockeed L-18 in volo sopra il Cairo nel 1942.
A destra: un Brisol Bombay. Sotto: de Havilland DH.86

Il rientro dei piloti resterà comunque un serio problema per tutto il periodo di utilizzo della rotta per Takoradi poiché i mezzi a disposizione erano pochi, poco adeguati, lenti e scomodi. Nonostante ciò, mentre nei voli verso ovest erano trasportati i piloti, nei voli di rientro verso est, quindi verso il Sudan e l'Egitto, furono trasportati, durante il primo anno di attività della rotta, 756 passeggeri e 108 tonnellate di merci.

Con l'arrivo degli americani si cercò di sopperire a questo inconveniente utilizzando velivoli più capienti, come la variante del Liberator B-24 convertito in trasporto merci e persone.

La vita dei piloti "traghettatori" era scandita da intervalli regolari: quattro/cinque giorni in convoglio da Takoradi al Cairo, tre giorni di riposo al Cairo, tre/quattro giorni per rientrare a Takoradi come passeggero di un velivolo da trasporto, tre giorni di riposo a Takoradi, per un totale di 400 ore di volo l'anno come pilota e 400 ore come passeggero.

Anche se la maggior parte dei piloti desiderava essere aggregata ad uno *Squadron* operativo impegnato al fronte, l'attività ferry era comunque alquanto logorante, considerato anche il fatto di trascorrere buona parte del tempo in zone malariche, dove era facile contrarre tifo, dissenteria e altre malattie tropicali. La forte umidità rende la vita del personale difficoltosa e il presentarsi di malattie endemiche causa inquietudine al comandante della base. Nonostante le precauzioni adottate, ogni mese circa il 10% degli effettivi deve essere ricoverato per i sintomi della malaria. Questa cifra raggiungerà punte del 20% durante il periodo delle piogge. Per far fronte a questo problema è realizzato, sulla base di Takoradi, un ospedale con un centinaio di posti letto a uso esclusivo del personale militare.

Non sempre però il lungo volo di trasferimento era visto come la parte pericolosa del viaggio. Questa la "vivace" testimonianza del Sergente James Pickering che operò su questa rotta nel 1942: «*La parte più difficile e frustrante dell'intero percorso è il viaggio in autobus dall'aerodromo del Cairo* (base di Abu Sueir – Ismailia – N.d.A.) *alle case galleggianti del Cairo! Il tragitto di ottanta miglia in un antico e inservibile autobus egiziano guidato da un maniaco su strade atroci, era molto più pericoloso che volare!*»

A suo dire, quindi, molto più pericoloso di tutta la traversata in volo del continente africano!

Sergente James Pickering (1915-2004). Pickering, oltre che servire come pilota lungo la "Takoradi Run", prese parte alle prime fasi della "Battaglia d'Inghilterra". Partecipò, inoltre, tra l'agosto 1940 e l'aprile 1941, alla difesa dell'isola di Malta nel corso della quale, il 19 gennaio 1941, danneggiò gravemente uno Junkers Ju 87 Stuka, un bombardiere Junkers Ju 88 e un idrovolante CANT Z.506 Airone. In seguito fece ritorno in Inghilterra come pilota collaudatore. Decorato con l'Air Force Cross (AFC), si congedò dalla RAF nell'ottobre 1945 con il grado di Flight Lieutenant (capitano).

La parte terminale superiore della fusoliera degli Hurricane, così come quella dei Bristol Blenheim impegnati lungo la Takoradi Run, veniva dipinta di bianco per aumentarne la visibilità e aiutare le ricerche in caso di atterraggio di emergenza.

Piloti ferry a bordo di un Consolidated Liberator rientrano alla base dopo aver consegnato i velivoli. In questo caso si tratta di piloti impegnati sulla rotta del Nord Atlantico.

Montaggio, manutenzione e recupero

In questa gigantesca operazione aerea, che consentì di trasferire tra settembre 1940 e ottobre 1943 ben cinquemila velivoli di varie tipologie, era inevitabile subire perdite di aerei nel corso dei trasferimenti.

Molti velivoli con i rispettivi equipaggi si schiantarono al suolo lungo il percorso. Svariate le cause: esaurimento del carburante, condizioni meteo avverse, perdita della rotta (cosa tutt'altro che difficile su territori disabitati senza punti di riferimento), avarie meccaniche. Per questo la Royal Air Force istituì un servizio di manutenzione e soccorso per recuperare gli aerei e poterli nuovamente mettere in linea di volo.

Sotto il comando del Group Captain (equivalente al grado di colonnello) H.K. Thorold, il 14 luglio 1940 sbarcò a Takoradi il primo nucleo di ventidue tecnici adibiti al montaggio, manutenzione e riparazione dei velivoli. Nonostante l'esiguità del personale a disposizione Thorold, che aveva alle spalle la direzione del reparto manutenzione della RAF durante la campagna di Francia, si mise subito all'opera per predisporre la realizzazione di hangar, uffici, alloggi, magazzini, strade e tutto quanto era necessario per il funzionamento di una nuova base operativa in territorio africano, punto di partenza della rotta trans-africana. Le piste di atterraggio decentrate furono trasformate da semplici primitivi campi volo in stazioni di sosta efficienti.

Un mese dopo, il 21 agosto, il primo piccolo contingente fu raggiunto da altri trecentocinquanta uomini che furono subito inviati presso gli aeroporti decentrati, gli avamposti meteorologici e le stazioni radio insieme, ovviamente, ai pezzi di ricambio necessari.

Le difficoltà da risolvere erano tante, a partire dalle condizioni atmosferiche che variavano dal clima umido della foresta equatoriale, al caldo torrido del deserto.

La collaborazione iniziale della BOAC che, come visto nel capitolo precedente, aveva messo a disposizione le sue basi prebelliche operative già dal 1936, fu decisiva per impostare la rotta nelle condizioni migliori. I suoi navigatori furono utilizzati nei primi voli ferry per guidare i velivoli apripista, mentre i suoi aerei plurimotore vennero impiegati per il rientro a Takoradi degli equipaggi che avevano compiuto la traversata.

Tra i velivoli utilizzati dalla BOAC per il trasferimento degli equipaggi sulle rotte africane è stato impiegato, per un breve periodo, anche uno Junkers Ju 52/3m appartenuto precedentemente alla compagnia belga Sabena. Con questo velivolo erano assicurati dalla Sabena, nel periodo prebellico, i collegamenti tra il Congo belga e la madrepatria.

Le necessità iniziali erano di trasferire oltre centoventi aeromobili al mese.

In questa prima fase del conflitto i velivoli, smontati nelle loro parti principali e imballati in casse, partendo dall'Inghilterra, arrivavano al porto di Sekondi-Takoradi. Qui erano scaricati, trasportati presso l'aerodromo, distante in linea d'aria non più di quattro chilometri, e rimontati dai tecnici di Thorold facenti parte del No. 116 MU (Maintenance Units).

Anche per loro, come per i piloti, il lavoro non era facile. Operano sotto un caldo soffocante, spesso mancano le attrezzature, i pezzi di ricambio, ma si procede ugualmente, sopperendo alla mancanza di materiale con l'ingegno.

Quando il velivolo è pronto, è consegnato per intraprendere il ferry flight. Preso in carico dai piloti dell'ADU (Aircraft Delivery Unit) No.1, che dipendeva dalla base del Cairo, dopo un breve volo di collaudo, inizia il suo trasferimento verso l'Egitto.

I primi piloti assegnati al servizio di ferry flight erano piloti della SAAF (South African Air Force), o piloti della RAF facenti parte di *Squadron* operativi ma a riposo dal servizio di prima linea (in alternativa i piloti a riposo erano impiegati come istruttori presso le scuole di volo). Anche una piccola aliquota di ventiquattro piloti polacchi, che non potevano essere utilizzati in combattimento causa limiti d'età, comandati dallo Squadron Leader (Maggiore) Ludomił Rayski, si unirono ai colleghi sudafricani e rhodesiani sulla Takoradi Run.

Ludomił Rayski (1892-1977) fu comandante dell'aviazione militare polacca prima della Seconda guerra mondiale.

Spesso i piloti arrivavano direttamente dalle scuole di volo e i trasferimenti permettevano così di incrementare la loro esperienza in termini di ore volate, atterraggi e navigazione su lunghe distanze.

Oltre alle condizioni meteo a volte proibitive, gli equipaggi dei velivoli, così come il personale di terra, si trovavano ad affrontare problemi logistici al limite delle possibilità. A Takoradi come sui campi predisposti lungo la rotta, il rifornimento era spesso effettuato travasando a mano le taniche di carburante o utilizzando pompe a mano. La polvere, la sabbia s'infiltrava dappertutto. Penetrava negli strumenti di bordo che ne erano ricoperti, interferiva con il passo variabile delle eliche rendendo impossibile il suo utilizzo in volo. Durante le tempeste di sabbia i tettucci trasparenti in perspex degli abitacoli potevano subire danni, così come le alte temperature tendevano a deformare e rompere la plastica di cui erano fatti. I filtri antisabbia del motore erano da sostituire con maggior frequenza ma questi, purtroppo, scarseggiavano. Nonostante le difficoltà, l'attività procedeva alacremente.

In questa foto è ben visibile, montato su di un Hurricane Mk.II, il filtro antisabbia. Questo era denominato filtro Vokes, meglio conosciuto come filtro *Aboukir*. Prese, infatti, il nome dalla base RAF di Aboukir (Egitto), sede No. 103 Maintenance Unit, che per primi lo elaborarono e installarono.

Il 5 settembre 1940 i primi velivoli sono consegnati a Takoradi dal cargo americano *Berreby*. Sono sei bimotori Bristol Blenheim Mk. IV e sei caccia Hawker Hurricane. Il giorno seguente, 6 settembre, arrivano smontati in casse, a bordo della portaerei HMS *Argus*, altri trenta Hurricane.

Fortunatamente gli Hurricane, data la loro conformazione, hanno solo le semiali esterne smontate, rendendo la fase di montaggio molto più rapida.

Già il 13 settembre il primo caccia può compiere il volo di collaudo seguito, quattro giorni dopo, da un Blenheim. Tutto è pronto per il primo volo di trasferimento. La data prescelta è il diciotto ma, causa problemi agli aeromobili impantanatosi nel fango durante il rullaggio, questa è posticipata per il giorno 20 settembre.

Un Hawker Hurricane è trasferito dalla stiva alla banchina. Come si può vedere, la conformazione del velivolo permetteva di poterlo appoggiare a terra direttamente sul suo carrello, facilitando le fasi di assemblaggio delle semiali.

Per il trasferimento è adottata una formazione di "sicurezza". Un velivolo bimotore con equipaggio completo e un navigatore esperto, di solito un membro della compagnia aerea BOAC, fa da apripista. Dietro di lui si accodano i velivoli monomotori, solitamente in numero di sei.

Questo primo volo non fu privo di problemi tecnici. Un Hurricane, sull'aeroporto di Lagos, ebbe un guasto ai magneti. In seguito un altro Hurricane, causa un ritardo durante il decollo da Kano, fu lasciato indietro. All'arrivo a Maiduguri fu intrapresa una ricerca del disperso, sia da una squadra terrestre sia aerea, con un volo di novanta minuti da parte del Blenheim che era stato nel frattempo rifornito, ma il velivolo non fu rintracciato. Anche il Blenheim accusò problemi. In atterraggio a El Fasher, subì lo scoppio del ruotino di coda. Successivamente durante la tappa di Khartum furono riscontrate dodici molle delle valvole di un motore rotte. La loro sostituzione ritardò la partenza del volo di ventiquattro ore.

In questa immagine si possono vedere le fusoliere degli Hurricane estratte dalle casse d'imballaggio provenienti dall'Inghilterra. Dietro sono parcheggiati altri velivoli in varie fasi di montaggio, mentre sullo sfondo sono schierati alcuni Blenheim Mk.IV (da notare la coda dipinta di bianco), che fungeranno da aerei guida per le formazioni dirette al Cairo.

Un'altra interessante fotografia che mostra come erano stivati i velivoli spediti in casse. In questo caso, oltre alle semiali, occorreva rimontare anche gli impennaggi e l'elica. Tutti i pezzi necessari erano collocati nelle sezioni laterali della cassa, ai lati dell'apparecchio.

Finalmente, alle 15.10 del 27 settembre il Blenheim e cinque Hurricane atterrano sulla base di Abu Sueir dove vengono presi in carico dal No. 116 MU. I piloti sono subito trasferiti presso i loro alloggi, le case galleggianti ancorate lungo il fiume Nilo nei pressi dell'isola di Gezira. Questi vecchi piroscafi a pale erano adibiti a stazione di riposo e ricreazione per gli equipaggi dei voli ferry. Il soggiorno era solitamente di due o tre giorni. Dopo rientravano a Takoradi con un velivolo da trasporto e ricominciavano, fino a che non erano destinati ad altri incarichi, i voli traghetto.

E' interessante notare come il soggiorno presso le case galleggianti, che avevano visto, prima della guerra, giorni migliori trasportando danarosi turisti lungo il Nilo fino a Luxor, fosse incentrato sulla massima comodità. Il cibo era di eccellente qualità ed erano disponibili vari servizi tra cui quello di lavanderia. Inoltre, in attesa del viaggio successivo, ci si poteva dedicare a differenti tipi di sport presso il Gezira Sporting Club, senza contare la possibilità di "fare i turisti" per le vie del Cairo utilizzando i taxi locali.

Stando a voci indiscrete che circolavano tra il personale militare inglese, sull'altro lato del fiume, alloggiate presso case galleggianti private, operavano spie dell'Asse dotate di ricetrasmittente. Queste spie erano tollerate in quanto venivano "foraggiate" con notizie false o pilotate da parte degli agenti dell'Intelligence Britannico.

Un Curtiss P-40 appena liberato dall'imballo. Come si può vedere, questo velivolo richiedeva un numero di ore di lavoro superiore a quelle richieste per il montaggio di un Hurricane poiché il P-40 arrivava smontato in molte più parti.

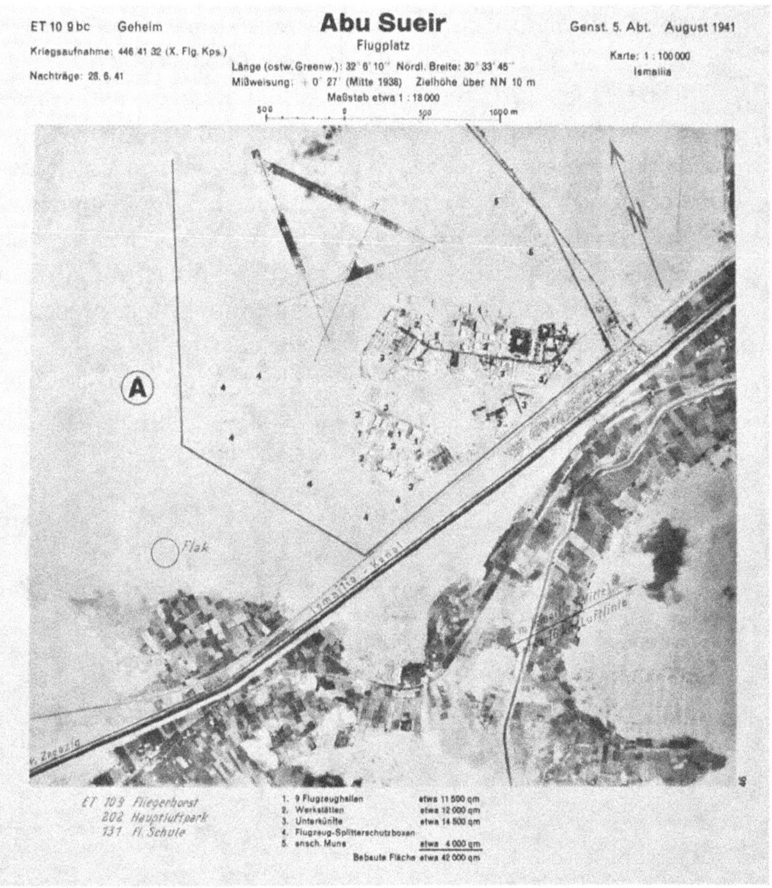

Foto zenitale dell'aeroporto di Abu Sueir effettuata da un ricognitore della Luftwaffe nell'agosto 1941. La scritta "SEGRETO" appare in alto a sinistra (Geheim).

Oltre alle piste pavimentate (poste a triangolo), nella foto si distinguono: 1 – Hangar. 2 – Officine. 3 – Alloggi. 4 – Ripari paraschegge per gli aeromobili. 5 – Depositi munizioni.

La strada e il canale Ismailia corrono a sud del campo. E' inoltre indicata una postazione antiaerea (flak) all'esterno della base.

Come abbiamo visto, questo primo trasferimento, così come molti che seguirono, non fu esente da problemi.

Oltre ai guasti meccanici sempre in agguato, alle condizioni meteo, con nubi temporalesche che si addensavano sopra la foresta equatoriale, la sabbia del deserto che causa problemi ai motori e alla strumentazione, si aggiungeva la mancanza di mappe dettagliate del percorso. Molti piloti riportano che, per trovare la rotta, usavano come guida a terra i numerosi relitti di velivoli che li avevano preceduti sulla Takoradi Run.

Anche le comunicazioni tra i velivoli erano difficoltose. L'uso della radio era ridotto all'essenziale e il "silenzio radio" era d'obbligo dopo la tappa di Maiduguri.

L'aeroporto di Takoradi, punto di partenza per il trasferimento dei velivoli attraverso l'Africa centrale. Anche in questo caso le tre piste permettevano decolli e atterraggi in qualsiasi condizione di vento.

Per le esigenze dei convogli sono messe in servizio nuove stazioni radio, in alcuni casi potenziando quelle già esistenti utilizzate nel periodo pre-bellico dall'Imperial Airways. Mentre a Takoradi veniva realizzata una stazione radio atta a comunicare a lunga distanza con Londra ed il Cairo, sui campi di Lagos, Kano e Maiduguri vengono installate tre emittenti radio militari supplementari. Nonostante gli sforzi però le comunicazioni restano comunque lente e carenti. Sono installati anche dei radiogoniometri sugli scali di Maiduguri, El Fasher ed El Geneina, atti a facilitare la navigazione dei velivoli. Anche se gli equipaggi iniziano a prendere confidenza con gli aiuti radio, la navigazione notturna sulla rotta è comunque interdetta.

Sole le piste di atterraggio utilizzate lungo il percorso erano in condizioni discrete. Avventurarsi al di fuori di queste dopo che l'aereo ha preso terra, poteva causare danni al velivolo. Sui campi volo erano presenti squadre di manutenzione ma, spesso, mancavano pezzi di ricambio e attrezzature adeguate. Le richieste erano inoltrate ai reparti manutenzione principali del Cairo e Takoradi ma le consegne richiedevano giorni.

Gli alloggi dislocati lungo la rotta erano abbastanza confortevoli. Gli equipaggi apprezzavano sopratutto le soste presso gli aeroporti come Khartum o il Cairo, dove si poteva alloggiare in albergo e la città offriva svaghi come cinema, negozi, bar, sicuramente graditi durante la sosta, soprattutto se questa si protraeva per alcuni giorni causa problemi meccanici o meteo.

La benzina avio, anche se trasportata via terra tramite strada o ferrovia con un viaggio che richiedeva dai dieci ai dodici giorni, era solitamente disponibile ma spesso non con il dovuto numero di ottani richiesto dai motori aeronautici (100 ottani), fermo restando le difficoltà di travaso, specialmente presso i campi volo più piccoli e decentrati.

Già entro la fine del 1940 erano più di cento i velivoli trasferiti sul fronte nordafricano. Tra questi, sessantotto caccia Hurricane, ventotto Blenheim e dodici Fairey Fulmar, biposto da caccia imbarcato.

Con l'aumentare degli aerei trasferiti aumentavano, di conseguenza, anche gli atterraggi forzati con la possibile perdita del velivolo. Per sopperire a questo problema fu istituito un servizio di recupero. Il No. 203 Group di base a Khartum fu incaricato del compito: rintracciare i velivoli costretti ad atterraggi di emergenza, rimetterli, se possibile, in condizioni di continuare il viaggio autonomamente, o recuperarli con trattori e rimorchi dal pianale ribassato appositamente realizzati allo scopo. Erano quindi rinviati via strada e ferrovia a Lagos dove, tramite battelli, raggiungevano nuovamente Takoradi. Il No. 203 aveva a disposizione anche un velivolo Bristol Bombay adibito a officina volante. I velivoli che non potevano essere recuperati, venivano "cannibalizzati". Data la penuria di pezzi di ricambio, questi aerei erano smontati e i pezzi riutilizzati per riparare altri velivoli. Come la fenice che rinasce dalle sue ceneri, da due/tre velivoli danneggiati e non recuperabili, era spesso possibile ricavarne uno nuovo.

Durante il primo anno di attività circa il 3% dei velivoli trasferiti rimasero distrutti, con una media di 6-12 apparecchi al mese. In alcuni periodi il tasso di perdite si avvicinò pericolosamente a quello registrato dai bombardieri inglesi operanti sopra la Germania.

Il secondo trasferimento fu attuato cinque giorni dopo, il 25 settembre, e non si svolse meglio del primo. Avarie ai motori, mancanza di carburante e problemi fisici degli equipaggi caratterizzarono questo ferry flight. Nel terzo volo, oltre ai soliti problemi meccanici, una collisione a mezz'aria funestò il trasferimento.

A volte gli equipaggi degli aerei apripista, poco esperti nei voli di lunga percorrenza, furono la causa delle perdita dei velivoli al seguito e a loro affidati. Cosa che successe, ad esempio, durante il trasferimento dell'ottavo convoglio. Tutti gli aerei si persero, con un Hurricane distrutto e gli altri cinque dispersi lungo la rotta. Il convoglio impiegò ventisei giorni per compiere il tragitto e solo il Blenheim e tre Hurricane giunsero al Cairo.

Con queste premesse, il volo dei convogli era tutt'altro che tranquillo!

Un autocarro con rimorchio "Queen Mary", fotografato in Sudan nel 1942. Questa era una combinazione progettata per il recupero e il trasporto dei velivoli. Il nome deriva, presumibilmente, dalla lunghezza del rimorchio, con riferimento alle dimensioni del transatlantico RMS *Queen Mary*. Questo tipo di rimorchio fu utilizzato non solo per il trasporto dei caccia, ma anche per trasferire le fusoliere dei ben più grandi bombardieri come il Vickers Wellington o lo Short Stirling.

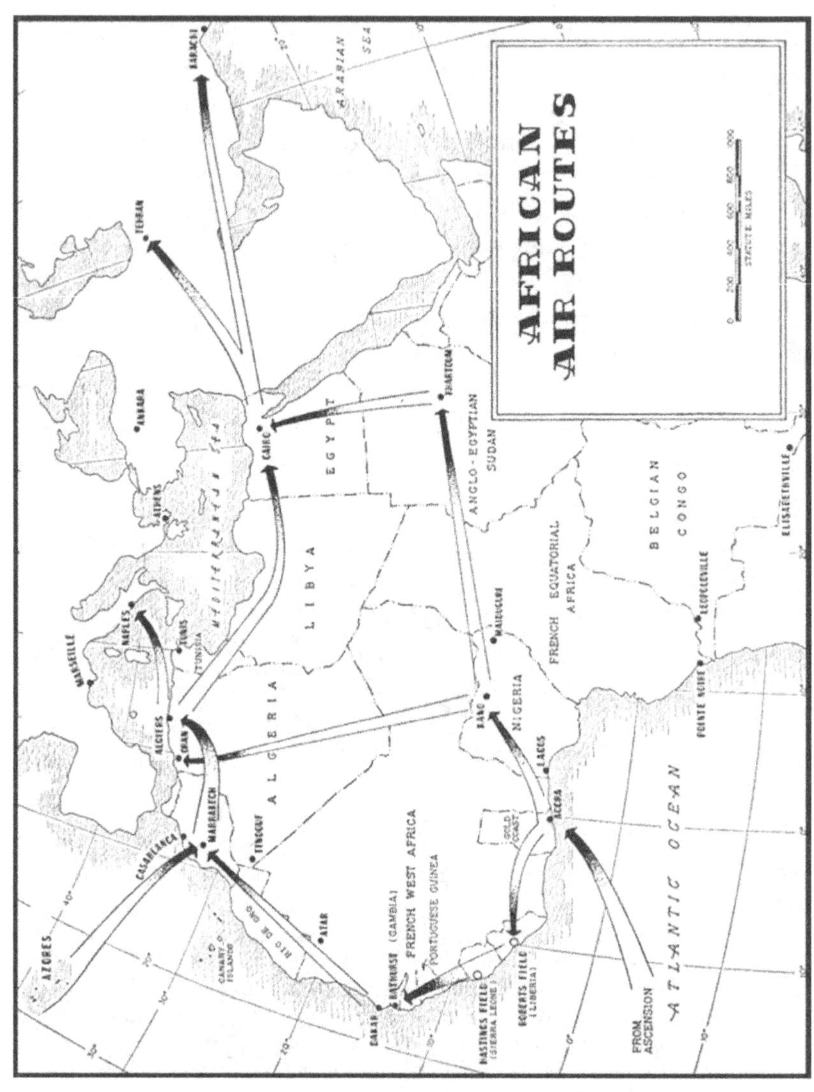

Le rotte africane. La diramazione dal Cairo verso Teheran era utilizzata per la consegna dei velivoli ai sovietici. La diramazione verso Karachi, invece, per le consegne verso il fronte del sud-est asiatico e del Pacifico. Le tratte in partenza dalla Liberia per Marrakech, Algeri e il Cairo, saranno utilizzate dopo lo sbarco alleato in Marocco del novembre 1942.

A protezione della rotta

Nonostante la Takoradi Run fosse lontana dalla linea del fronte, senza grandi possibilità da parte dell'Asse di sferrare attacchi agli aeroporti (salvo un caso di cui parleremo in seguito), o agli aerei in trasferimento, si ritenne necessario predisporre un servizio di protezione. Questo era dettato dal fatto che alcuni aerodromi erano confinanti con territori "fedeli" al governo collaborazionista di Vichy del Maresciallo Pétain, schierato con i nazisti.

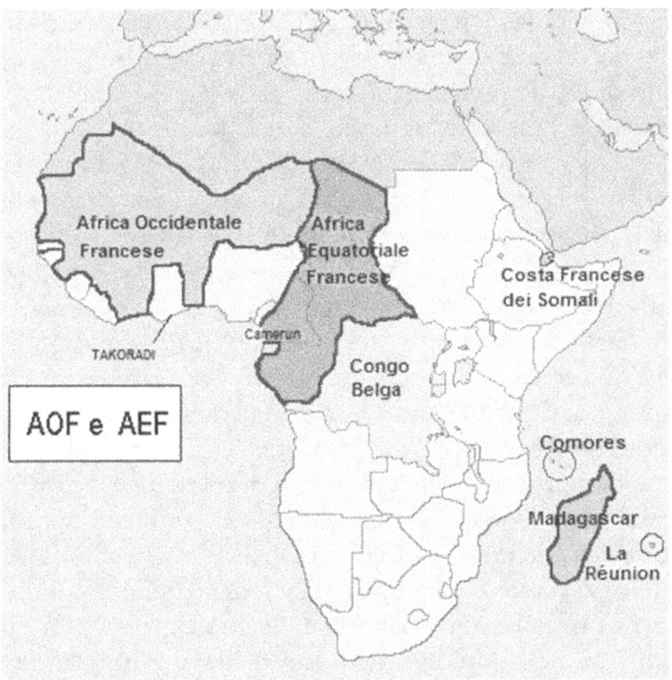

I territori dell'AOF (Africa Occidentale Francese), fedele al governo di Vichy, e l'AEF (Africa Equatoriale Francese) controllata dalle truppe della "Francia Libera" del generale Charles de Gaulle, che combatté a fianco degli Alleati.

Tokoradi, situata nell'allora Gold Coast britannica (oggi Ghana), confinava, infatti, a nord con l'Alto Volta (oggi Burkina Faso), a est con il Togo e a ovest con la Costa d'Avorio, senza contare la vicinanza di altri stati come l'allora Dahomey (oggi Benin), il Niger, il Sudan francese (oggi Mali) e i più lontani Mauritania e Senegal, tutti stati facenti parte dell'AOF (Africa Occidentale Francese), amministrata dal governo ostile di Vichy. Inoltre, parte della rotta era prossima al confine con la Libia italiana. Anche se inizialmente la RAF non ritenne necessario predisporre alcun servizio di vigilanza, in seguito ritornò sui propri passi.

Il ripensamento fu dovuto all'utilizzo, nel maggio 1941, da parte tedesca e italiana, degli aeroporti siriani in mano al governo di Vichy per appoggiare la rivolta in Iraq, dove un colpo di stato aveva instaurato un governo filo-Asse.

Visto le premesse, un utilizzo delle basi in AOF da parte tedesca per attaccare Takoradi era possibile. Erano, infatti, in corso trattative tra Berlino e Vichy per l'uso del porto di Dakar, in Senegal, come base di appoggio per i sommergibili tedeschi operanti in Atlantico. Anche se questi negoziati non furono mai portati a termine, il pericolo era reale. Da parte francese inoltre, sui territori dell'AOF, erano presenti aerei da caccia, da ricognizione e da bombardamento che comprendeva, per questi ultimi, una forza non trascurabile di sessantotto velivoli Martin Model 167 Maryland. Un attacco da parte di Vichy era quindi assolutamente attuabile. Se la Gold Coast fosse caduta, la rotta di rinforzo dell'Africa occidentale sarebbe finita.

Per prevenire e contrastare l'eventuale pericolo di un attacco fu installata una batteria antiaerea Bofors da 40 mm, mentre alcune corvette della Royal Navy pattugliavano il mare antistante al porto di Takoradi. Fu costituito inoltre, il 5 giugno 1941, il Fighter Defense Flight Takoradi (FDFT) dotato di tre Hawker Hurricane Mk.I condotti, in mancanza di piloti da combattimento, da piloti di convogli. I piloti "combat ready", pronti al combattimento, in questo momento erano più che necessari sugli altri fronti di guerra.

Già dal mese successivo, sotto il comando del Flight Lieutenant (capitano) Dewhurst, la squadriglia iniziò ad avere un proprio gruppo di meccanici, quattro Hurricane e quattro Bristol Blenheim per la sorveglianza delle coste. Di questi, tre erano permanentemente carichi di bombe mentre il quarto era riservato alla ricognizione.

Martin 167A-3 Maryland del Groupe de Bombardement GB I/63 - Escadrille n° 1 di base a Bamako (Mali) nel 1942. Da notare la colorazione adottata dai velivoli di Vichy. Su ordine di Goering, parte della fusoliera posteriore (su alcuni velivoli) e i piani di coda (escluso il timone), così come la cappottatura dei motori, furono dipinti con strisce rosse e gialle orizzontali. I contrassegni nazionali (la coccarda sulla fusoliera, sulle ali e il tricolore sul timone), furono conservati come prima.

Il 18 agosto un Blenheim, in seguito ad una segnalazione, perlustra la costa alla ricerca di un sommergibile. La ricerca sarà vana. Il giorno precedente invece, sono compiute le prime tre partenze su allarme dei caccia per intercettare aerei in avvicinamento. In tutti e tre i casi gli intrusi sono velivoli amici. Già durante l'estate 1941 la forza del FDFT è di otto caccia e quindici bombardieri bimotori.
L'attività di volo, che inizialmente, per economizzare il materiale, era di circa venti ore al mese per pilota, continua a crescere. Nel maggio 1942 la sezione caccia, che ha come simbolo distintivo l'ogiva dell'elica tricolore (blu, bianco e

rosso), esegue l'intercettazione di ben 71 velivoli in 65 sortite differenti, senza contare le missioni di pattuglia e ricognizione sui territori francesi vicini.

Nel novembre 1942 il Flight Lt. Dewhurst lascia al Pilot Officer (sottotenente) Miller il comando della squadriglia. Questa sarà molto attiva, durante lo stesso mese di novembre, in concomitanza con lo sbarco alleato in Marocco e Algeria (Operazione Torch), nel sorvegliare le attività sui territori francesi sotto controllo di Vichy. Dopo di questo gli impegni della FDFT inizieranno a diminuire fino al suo scioglimento nel marzo 1943, quando i territori dell'AOF passano sotto controllo alleato.

Da questa data in poi anche la rotta di Takoradi verrà in parte rimpiazzata, per i velivoli diretti al nord, da una nuova rotta lungo la costa dell'Africa occidentale verso Dakar, in Senegal e attraverso il Marocco francese, rotta divenuta disponibile in seguito alla capitolazione delle truppe di Vichy, che controllava questi territori.

Anche le forze dalla "Francia Libera" partecipano alla difesa degli aeroporti, in particolare quelli ciadiani. Il Ciad è, infatti, una tappa importante del percorso e l'unico territorio non controllato dagli inglesi. È così formata l'escadrille *Topic* operante sotto la FAFL (Forces aériennes françaises libres) ed equipaggiata con Bristol Blenheim. La squadriglia, dislocata inizialmente sull'aeroporto di Maiduguri, centocinquanta chilometri a ovest di Fort Lamy, è comandata dal tenente Pierre de Sainte-Péreuse. Nel dicembre 1940 la squadriglia è trasferita a Fort Lamy e prenderà parte, tra gennaio e marzo 1941, ai combattimenti per la presa dell'oasi di Cufra, in Libia, controllata dagli italiani.

Operazioni e attacchi contro la "Route"

Degno di nota, nonostante sia un episodio minore nella guerra in Africa, è l'attacco condotto contro l'aeroporto di Fort Lamy, nel Ciad. In questa base, in cui erano dislocate truppe della "Francia Libera" sotto il comando del generale Philippe Leclerc, erano anche presenti grosse scorte di carburante, oltre che essere punto di sosta e rifornimento per i velivoli in transito lungo la Takoradi Run.

Un attacco a Fort Lamy era già stato preso in considerazione dalla Regia Aeronautica nel novembre del 1940 ma il velivolo prescelto per l'azione, il Savoia Marchetti SM.82 Marsupiale, era troppo prezioso nel ruolo di trasporto e quindi la missione non fu portata a termine. Solo a un anno di distanza l'alleato tedesco pianificò un'azione contro Fort Lamy utilizzando gli stessi criteri della Regia. La missione doveva essere condotta da un singolo velivolo, con lo scopo principale di portare a termine un attacco di guerra psicologica nei confronti del nemico. Per raggiungere la destinazione finale furono approntati dei "campi trampolino" nel sud della Libia italiana.

L'aereo scelto è il bombardiere medio bimotore Heinkel He 111 H-6 prelevato dal II./KG 26, mentre l'equipaggio, comandato dall'ideatore dell'impresa l'avventuriero, esploratore e proprietario terriero capitano Theo Blaich, era composto, oltre che da Blaich stesso, dal pilota sottotenente Franz Bohnsack, dal meccanico di bordo sergente maggiore Heinrich Geissler, l'operatore radio sergente Wolfgang Wichmann, l'inviato della rivista tedesca *"Signal"* sottotenente Fritz Dettmann e il maggiore italiano Roberto Vimercati Sanseverino con l'incarico di navigatore ed esperto dell'area desertica del Fezzan libico.

Il capitano Blaich (a sinistra) contempla lo stemma apposto sul suo Messerschmitt Bf-108B2 immatricolato KG+EM

Il velivolo, con matricola VQ+BA e numero WNr 4145, inquadrato nell'unità speciale *Sonderkommando* Blaich (di cui era l'unico elemento insieme al Messerschmitt Bf 108 Taifun personale di Blaich), con un serbatoio ausiliario interno da 600 litri e due serbatoi esterni da 300 litri, decolla dal "Campo Uno", base improvvisata nel sud della Libia, la mattina del 21 gennaio 1942, sovraccarico di carburante e con sedici bombe da cinquanta chilogrammi l'una nella stiva. Alle 14.30, dopo sei ore e mezzo di volo sopra un deserto ostile e in condizioni meteo marginali, il velivolo sorvola indisturbato Fort Lamy dirigendosi verso i depositi di carburante. Sganciate le bombe, prende la rotta di rientro. Il carburante però scarseggia e l'equipaggio è costretto ad effettuare un atterraggio di emergenza in una zona desolata al confine tra Libia e Niger. L'atterraggio si conclude senza conseguenze per il velivolo ed i suoi occupanti, ma questi dovettero attendere il 27 gennaio prima di essere individuati e riforniti di cibo ed acqua da un velivolo italiano Caproni

Ca.309 Ghibli. Il giorno seguente, grazie all'appoggio di uno Junkers Ju 52 tedesco che rifornì di carburante lo He 111, Blaich ed i suoi uomini poterono rientrare alla base.

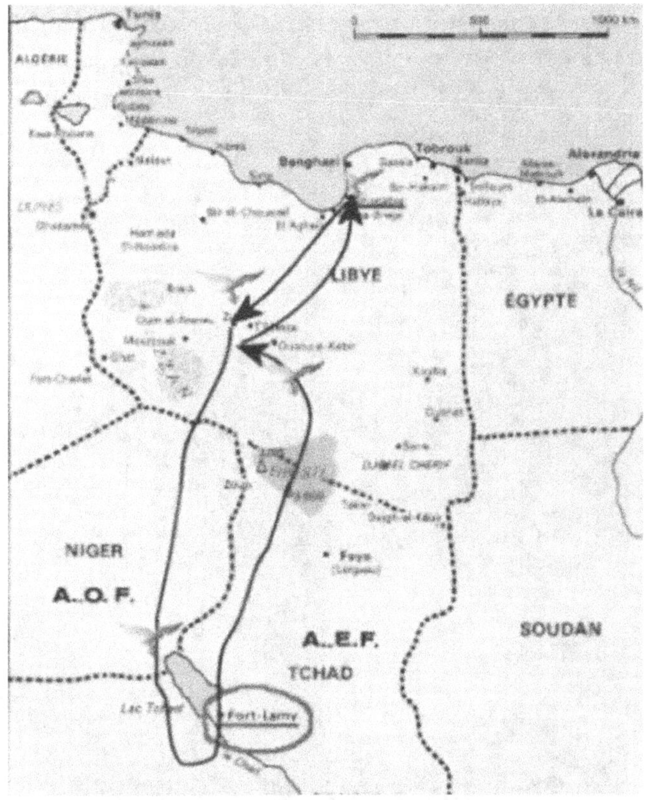

La rotta seguita dall'Heinkel He 111 per l'attacco a Fort Lamy.

L'incursione causò la distruzione di un deposito di carburante provocando l'incendio di 400.000 litri di carburante avio, dell'intera scorta di olio lubrificante, dieci aerei distrutti al suolo, parecchie installazioni danneggiate e sette feriti tra il personale della base.

Per parecchie settimane Fort Lamy cessò di essere il punto chiave dei rifornimenti della Takoradi Run.

Il *Sonderkommando* Blaich, che nel frattempo si specializza in missioni contro il Long Range Desert Group britannico, cesserà di esistere nel giugno 1942 quando il velivolo He 111 di cui è dotato, causa avaria a un motore, si schianta presso l'oasi di Cufra. L'equipaggio, incolume, sarà recuperato quattro giorni dopo.

Due fotografie che ritraggono i danni successivi al raid. La nube di fumo nera causata dall'attacco era ancora visibile a bordo del velivolo da un centinaio di chilometri di distanza.

Anche se quella su Fort Lamy è l'unica azione degna di rilievo e che causò ingenti danni a una base lungo la rotta di rifornimento per l'Egitto, i britannici e i francesi di Vichy si tenevano sotto reciproco controllo con ricognizioni aeree sui rispettivi territori.

Nell'arco di un anno, tra novembre 1940 e novembre 1941, da parte francese furono compiute trentotto missioni di ricognizione sopra la capitale della Sierra Leone, Freetown, dove i britannici avevano una base operativa della RAF e il porto da cui operava il naviglio che controllava il traffico marittimo del Sud Atlantico. Qui era stato istituito il Comando per le operazioni in Africa Occidentale. Era inoltre di base, sull'aeroporto di Hastings (Sierra Leone), uno *Squadron* della Fleet Air Arm, componente aerea della Royal Navy, operante con biplani Supermarine Walrus, aereo anfibio utilizzato come ricognitore marittimo. Questi mezzi furono integrati, dal 17 marzo 1941, con sei idrovolanti quadrimotori Short Sunderland del No. 95 Squadron RAF Coastal Command. In seguito si aggiunsero velivoli del 777 Naval Air Squadron dotato di Fairey Swordfish e Blackburn Roc a cui si unirono un paio di caccia biposto Boulton Paul Defiant. Questi ultimi erano ormai obsoleti per l'utilizzo sul fronte europeo ma potevano essere sicuramente utili nello scacchiere africano. Questo dispiegamento di forze, seppur dotato di un numero limitato di velivoli, costituiva la prima linea di allerta e difesa contro eventuali attacchi su Takoradi quest'ultima posta, in linea d'aria, a circa milletrecento chilometri a sud-est di Freetown.

La principale preoccupazione dei comandi inglesi, oltre ai bombardieri della Francia di Vichy, era soprattutto la presenza della flotta francese ancorata a Dakar che comprendeva la corazzata *Richelieu*, numerosi cacciatorpediniere, sommergibili e i possibili interventi del naviglio tedesco, U-boot in primis. Approfittando quindi del minuscolo possedimento del Gambia, interamente circondato dal Senegal, quest'ultimo all'epoca sotto controllo di Vichy, con la capitale Bathurst (oggi Banjul) posta a circa centosessanta chilometri dalla nemica Dakar, gli inglesi implementarono le difese posizionando sull'aeroporto di Jeshwang sette Lockheed Hudson e cinque Sunderland. Gli Hudson furono sostituiti, nel luglio 1943, dai B-24 Liberator per pattugliamento marittimo e basati sull'aeroporto di Yundom, a sud di Bathurst.

In questo contesto, ben quarantacinque furono le ricognizioni eseguite dai francesi sopra il Gambia e la città di Bathurst nel periodo novembre 1940 – novembre 1941.

Una delle prime ricognizioni fu eseguita già nel luglio 1940 (la Francia aveva capitolato un mese prima), partendo da Conakry, capitale della Guinea con destinazione Freetown. Allo scopo fu utilizzato un idrovolante monomotore Loire 130.

Un esemplare di Loire 130 catturato. Inserito nei ranghi della Luftwaffe operò, come unico esemplare, con le marche B1+XA e fu trasferito da Saint-Nazaire a Peenemünde nel 1941. Da notare la postazione dell'osservatore, vetrata ma scoperta, posta sotto la gondola motore, all'altezza del bordo di attacco alare.

Più tardi, nel gennaio 1943, la RAF dislocò sull'aeroporto di Apapa (Lagos), una quindicina di caccia Curtiss P-40 Tomahawk rinforzati, a fine luglio 1943, dall'arrivo dei Consolidated PBY Catalina. Questo dispiegamento di forze contribuirà ad allontanare dalla zona gli U-boot tedeschi.

La presenza sui territori coloniali francesi e inglesi di forze aeree darà luogo quindi a diversi "incidenti".

Il 13 giugno 1941 un Martin Maryland della Flottille 2F fu abbattuto da aerei della RAF mentre sorvolava la città di Freetown. Medesima sorte per un altro Maryland dell'Aéronautique navale abbattuto il 22 agosto, sempre nei pressi di Freetown.

Il 29 settembre toccherà invece a due Sunderland del No. 204 Squadron RAF di base a Gibilterra, in missione verso Dakar, a essere intercettati e attaccati da quattro Curtiss Hawk 75 francesi di base sull'aeroporto di Ouakam (Dakar). Uno dei due idrovolanti fu costretto a eseguire, mentre tentava di raggiungere Bathurst, un ammarraggio d'emergenza nei pressi di una spiaggia per non affondare a causa dei danni subiti in combattimento. Il 13 dicembre Hawker Hurricane inglesi intercettano sopra la Sierra Leone due Martin Maryland abbattendone uno.

Curtiss Hawk 75 pilotato dal sergente maggiore Georges Lemare (2° escadrille del GC I/4). Con questo, velivolo il 29 settembre 1941, Lemare intercettò, al largo della costa senegalese, lo Short Sunderland N9044 "KG-C" del 204° Squadron (di base a Gibilterra). Nonostante i colpi sparati da Lamare causassero l'arresto di un motore, il Sunderland si difese tenendo fede al suo nomignolo di "Porcospino Volante" costringendo il francese ad interrompere il combattimento. Entrambi rientrarono alla base sani e salvi.

Il 28 aprile 1942 un Hurricane, finito fuori rotta e con problemi meccanici, esegue un atterraggio forzato nei pressi di Cotonou (Dahomey, oggi Benin). Alcuni giorni dopo un altro Hurricane, inviato sul posto, tenta di distruggere l'aereo, mitragliandolo, ma senza risultato. Il 18 maggio 1942 un Lockheed Hudson è abbattuto dalla contraerea nei pressi di Abidjan, in Costa d'Avorio. Solo otto giorni prima un Hurricane veniva colpito, sempre dalla contraerea, mentre vola sulla Guinea francese e costretto ad un atterraggio sull'isola di Kalt, vicino a Conakry. Il pilota, illeso, fu in seguito tratto in salvo da un idrovolante della RAF.

Le intercettazioni da entrambe le parti si susseguono e il 7 giugno 1942 un Dewoitine D.520 insegue, invano, un Hudson che sorvola la costa senegalese. L'11 ottobre, invece, trovò la morte il comandante dell'Aéronautique navale dell'Africa Occidentale Francese. Voleva verificare di persona la pericolosità di queste ricognizioni. Il pilota del Maryland su cui volava, nonostante i danni inflitti dai due Hurricane che lo intercettarono, riuscì a riportare il velivolo alla base. Il 12 agosto un bombardiere Wellington fu abbattuto, in prossimità della costa senegalese, da una pattuglia di tre Curtiss H 75 di base a Ouakam. Stessa sorte tocca a un altro Wellington il giorno seguente, non prima però di aver abbattuto a sua volta uno dei Curtiss Hawk attaccanti. Lo stesso giorno un altro Wellington viene inseguito da tre Hawk 75 ma riesce a fuggire. I velivoli inseguitori invece, causa l'eccessiva durata della "caccia", restano senza carburante e sono da considerarsi persi.

Interessante è anche la ricognizione eseguita su Fort Lamy da un velivolo italiano dopo l'azione offensiva del *Sonderkommando* Blaich del 21 gennaio 1942.

Il volo ricognitivo fu assegnato al trimotore SIAI-Marchetti SM.83T Transatlantico della compagnia LATI, immatricolato I-AZUR e numero di serie NC.34015. Questo velivolo, preso in carico dalla 610ª squadriglia del 145°

gruppo ricognizione strategica, ebbe come equipaggio il Ten. Col. Felice Mazzetti e il Ten. Umberto Allevi (piloti), il S.Ten. Paolo Piccaglia (motorista) e il 1° Av. Zallocco. Il 19 maggio 1942, partendo dal "campo trampolino" di el-Gatrum (Fezzan – Libia meridionale), compie un volo di nove ore e venticinque minuti (tra andata e ritorno) per fotografare l'aeroporto ciadiano e verificare lo stato dei rifornimenti nemici nel caso di un nuovo e futuro bombardamento da parte della Regia Aeronautica, attacco che non si verificò mai.

Come abbiamo visto anche la minaccia francese, seppur limitata, diede addito ad alcuni combattimenti e ad alcune perdite. Lo scopo principale fu comunque raggiunto: distogliere mezzi e uomini dagli altri fronti di combattimento africani.

Dewoitine D.520 appartenuto al sottotenente Pierre Le Gloan di base in Algeria nel maggio 1941. In questa immagine si può vedere la colorazione gialla della coda usata inizialmente dai velivoli di Vichy prima di adottare quella definitiva a strisce giallo/rosse. Le Gloan, nel corso del secondo conflitto mondiale, ottenne un totale di 18 vittorie aeree confermate e 3 probabili. Di queste, almeno sette (sei Hurricane e un Gladiator), furono conseguite contro velivoli della RAF durante la Campagna di Siria del giugno-luglio 1941. Unitosi agli Alleati dopo la caduta dell'Algeria, Le Gloan trovò la morte l'11 settembre 1943, a bordo di un Bell P-39 Airacobra con il quale era stata equipaggiata la sua squadriglia di base in Algeria. L'aereo sul quale volava esplose al contatto con il suolo dopo un atterraggio di emergenza dovuto a un'avaria al motore.

Il coinvolgimento statunitense – Le rotte si ramificano

Nonostante i vari problemi, nell'arco di un anno, tra il settembre 1940 e l'agosto 1941, furono trasferiti grazie alla Takoradi Run un totale di 450 Hawker Hurricane, 353 Bristol Blenheim, 203 Curtiss P-40 Tomahawk, 58 Martin Maryland e 35 Fairey Fulmar. Numeri sicuramente di rispetto, considerando che questi velivoli erano estremamente necessari sul fronte libico-egiziano dove si stavano scontrando, con alterne fortune, le forze inglesi con quelle dell'Asse. Dobbiamo anche aggiungere che le perdite in questo primo anno di attività si aggiravano, come visto in precedenza, attorno ad un 3% del totale. Le perdite, durante i trasferimenti in volo nel periodo indicato, ammontarono a dodici Hurricane, otto Blenheim, sette Tomahawk, tre Maryland e un Fulmar. Un tasso più che accettabile visto i numeri in gioco.

Sicuramente questo ininterrotto approvvigionamento di mezzi aerei contribuì in maniera rilevante alla vittoria alleata, costringendo le truppe italo-tedesche a una lenta ma inesorabile ritirata fino al crollo del fronte nordafricano.

Questo fu possibile, come abbiamo visto, grazie alla legge *Lend-Lease*, attraverso la quale gli Stati Uniti si facevano garanti della fornitura di materiale bellico. I Curtiss P-40 ed i Martin Maryland erano infatti di produzione statunitense.

Il 2 febbraio 1941 attracca al porto di Takoradi, proveniente dagli Stati Uniti, il cargo americano *Tamerlan* con un carico di cento caccia Curtiss P-40 e venti bombardieri Maryland. Quello che sorprende subito i meccanici e gli addetti portuali sono la metodica organizzazione degli imballi dei singoli velivoli e la perfetta classificazione dei materiali. Tutto è protetto dalla corrosione con appositi teli e suddiviso in casse. Ogni cassa contiene differenti materiali tutti catalogati e con le loro istruzioni di montaggio. Questo facilita enormemente il lavoro dei tecnici.

I velivoli britannici però, essendo più "rustici", richiedono meno tempo per il montaggio. Un bimotore Blenheim, ad esempio, richiede circa 470 ore di lavoro contro le 1100 necessarie per un Maryland. Lo stesso vale per assemblare un caccia Hurricane: 197 ore contro le 290 per un Tomahawk.

Un Bristol Blenheim viene sballato per il successivo montaggio.

Per il trasferimento dei velivoli e per l'organizzazione delle attività collaterali da parte statunitense fu costituito, il 29 maggio 1941 sotto il comando del colonnello Robert Olds, l'Air Corps Ferry Command che, nell'aprile dell'anno successivo, diverrà l'Air Transport Command (ATC).

La collaborazione tra americani e inglesi sulla rotta africana, come accade spesso anche tra "alleati", non fu comunque esente da problemi e incomprensioni.

La compagnia aerea PAA (Pan American Airways), in base ad accordi con l'Air Ministry britannico, era stata delegata dal governo degli Stati Uniti all'utilizzo della rotta africana per il trasferimento dei propri piloti e la sistemazione delle basi.

Come abbiamo visto, la BOAC aveva aperto le rotte africane nel periodo prebellico e ora, con l'ingresso degli Stati Uniti, si vedeva scalzata dalla sua posizione di preminenza dalla PAA. Questa non si fece nessuno scrupolo commerciale ed etico nel cercare di escludere la BOAC dalle sue stesse rotte e cercando, nel frattempo, di aprirne delle nuove in vista di un utilizzo post-guerra. Tentò anche, senza alcuna autorizzazione o consultazione con l'alleato inglese, di aprire un ufficio prenotazioni al Cairo. Questo, aggiunto agli altri problemi, portarono a continue lamentele e negoziazioni tra le due compagnie aeree, per tramite dei rispettivi governi.

A dispetto degli accordi, che prevedevano il trasporto di personale esclusivamente militare, sui velivoli della PAA erano imbarcati anche merci e passeggeri civili. Fu fatto inoltre presente che se i velivoli della PAA operavano al di fuori dalle rotte e dai periodi schedulati, potevano essere "inavvertitamente" abbattuti dai caccia inglesi.

Anche al suolo le differenze tendevano a farsi notare. Gli americani costruirono sui campi di Maiduguri, Kano, El Geneina e altri lungo la rotta, delle comode e lussuose sistemazioni per il proprio personale, in contrasto con le spartane tende e ricoveri utilizzati dagli inglesi. La situazione finanziaria britannica non concedeva, infatti, nessuna opzione se non quella di "accontentarsi". Questo ovviamente suscitava commenti da entrambe le parti.

Nonostante le sistemazioni più o meno austere presenti sui campi di volo, il benessere e soprattutto la salute del personale era tenuta in grande considerazione da ambo le parti.

Lo sport, in particolar modo il calcio, era ai primi posti come attività di svago e ricreazione del personale che, spesso, aveva a disposizione una giornata di libertà dopo sei/sette giorni di servizio, dove la giornata comprendeva non meno di 12-14 ore di lavoro.

Inizialmente si verificò un'alta incidenza di casi malarici. Circa il venti per cento del personale di tutti i ranghi ne soffrì. Grazie a grossi approvvigionamenti di chinino il problema fu ridimensionato. Allo stesso tempo anche le malattie veneree causarono non pochi disagi presso gli equipaggi ma, con l'informazione e la profilassi, anche questo problema fu portato a livelli meno imbarazzanti.

Occorre anche dire che non furono solo gli attriti tra la britannica BOAC e l'americana PAA o le differenze nel trattamento del personale le problematiche che resero tesi, almeno nel periodo iniziale, i rapporti tra i due alleati. Alcuni furono problemi prettamente tecnici.

I primi trasferimenti di Curtiss P-40 Tomahawks non furono esenti da inconvenienti anche a causa di deficienze nell'equipaggiamento. I generatori per l'accensione dei motori, ad esempio, non potevano essere utilizzati poiché il cavo di collegamento era troppo corto. Questi velivoli inoltre consumavano parecchio carburante e fu quindi presa in considerazione, da parte statunitense, la possibilità di aprire una base di rifornimento aggiuntiva ad Ati, località posta a metà strada tra Fort Lamy e El Geneina, una delle tratte più lunghe. Per sopperire al problema consumi, furono fatte prove di volo ed emanate informative ai piloti su come utilizzare al meglio le prestazioni del motore e del velivolo per ridurne i consumi. Questo quanto segnalava l'Air Ministry in merito all'utilizzo del Curtiss P-40: *« La velocità di crociera più economica è di 150 ASI utilizzando circa 1900 giri motore, con pale dell'elica a passo lungo, 123 galloni di sovraccarico e serbatoio, in aria calma, autonomia 880 miglia».*

Nonostante i problemi, una meravigliosa realizzazione era stata attuata: alla metà di dicembre 1943, un totale di 5295 aeromobili, di sedici differenti modelli, erano stati consegnati lungo la rotta che da Takoradi porta in Medio Oriente.

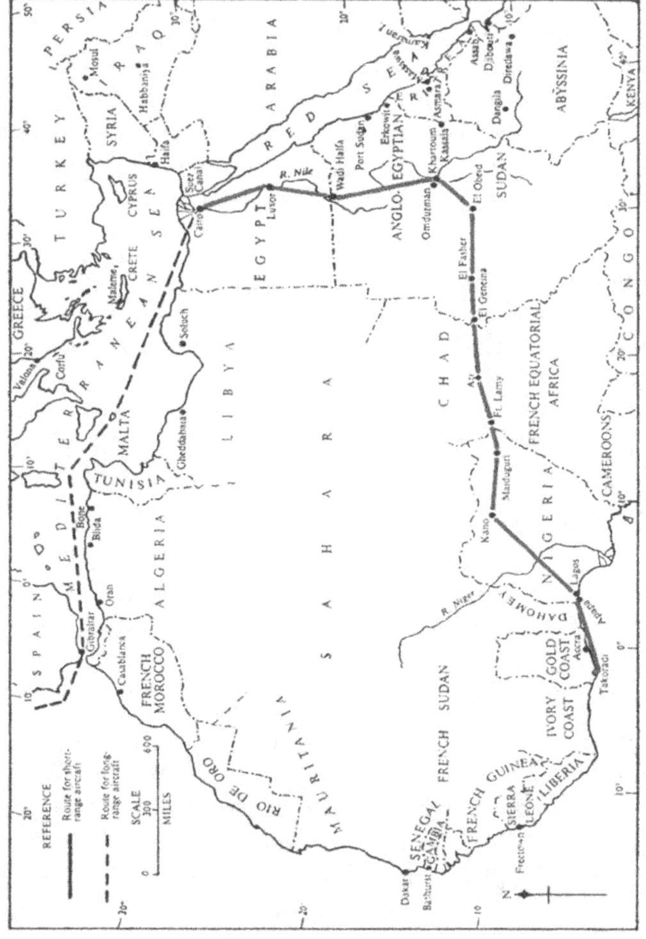

"Takoradi Route". La linea tratteggiata indica la rotta seguita dai velivoli plurimotori provenienti direttamente dall'Inghilterra. La linea continua rappresenta invece la rotta di Takoradi.

Fino all'entrata in guerra degli USA le consegne erano sempre effettuate via mare attraverso il porto di Takoradi. Solo dopo l'attacco a Pearl Harbor e la realizzazione di aeroporti adatti lungo le coste sudamericane, furono portate a termine, in modo continuativo, le trasvolate atlantiche tra il Brasile e il continente africano.

A questo punto la consegna dei velivoli si svolgeva interamente per via aerea, con partenza direttamente dalle fabbriche.

Alla Takoradi Route fu così aggiunto un pezzo: la tratta americana, dalle coste dell'Atlantico settentrionale, giù attraverso i Caraibi e il continente sudamericano con il balzo atlantico da Natal a Takoradi.

Borinquen Airport (Porto Rico) nel 1943. Come si può vedere, la base è ordinata e ben attrezzata, con alloggi, uffici, hangar e depositi. Sulla pista e al parcheggio si notano, tra gli altri, B-25 Mitchell, C-47 Skytrain, C-46 Commando, C-54 Skymaster, B-17 Flying Fortress. Tutti pronti per il loro viaggio verso i vari teatri di guerra.

I velivoli, in arrivo dalle fabbriche della costa ovest ed est degli Stati Uniti, facevano tappa a Miami. Partendo dall'Homestead Army Field proseguivano per l'aeroporto di Borinquen Field, distante milleseicento chilometri, posto nell'angolo nord-ovest dell'isola di Porto Rico. Per la sua realizzazione, all'inizio di settembre 1939, furono acquistati 3796 ettari coltivati a canna da zucchero per un valore di 1.215.000 dollari. I lavori iniziarono immediatamente e già il 2 novembre dello stesso anno il primo velivolo atterrò sulla nuova pista (agibile ma ancora in via di ultimazione).

Lungo la rotta, in caso di necessità, erano presenti gli aeroporti sull'isola di Cuba o lo scalo presso il Coolidge Army Field, sull'isola di Antigua.

I principali aeroporti sull'isola di Trinidad fotografati nel febbraio 1944: a sinistra il Piarco Airfield, a destra il Waller Field. Le immagini sono foto dell'aeronautica statunitense e classificate "Restricted".

Se l'autonomia del velivolo lo consentiva, la tappa a Porto Rico veniva saltata per arrivare direttamente alla destinazione successiva, Trinidad, aeroporto di Piarco (la distanza tra Porto Rico e Trinidad è di circa mille chilometri), utilizzato fino a che non fu aperto il vicino Waller Field, operativo dalla fine del 1941. La numerosa presenza di aerei in transito diretti verso il Sud America rese congestionato l'aerodromo. Questo obbligò i velivoli adibiti al controllo antisommergibile a trasferirsi presso la vicina Carlsen Air

Force Base. Al Waller Field, così intitolato in memoria del maggiore Alfred Waller pilota durante la Prima guerra mondiale, era prevista la costruzione di quattro piste con differenti orientamenti ma, causa la natura del terreno, le due piste localizzate più a sud non furono realizzate.

Gli Stati Uniti, anche se inizialmente neutrali, concordarono con la Gran Bretagna la cessione di cinquanta cacciatorpediniere, reduci della Prima guerra mondiale ma ancora utili per la scorta ai convogli. Per questo "contributo" il governo britannico diede in cambio, in affitto per un periodo di novantanove anni, una serie di basi presso alcuni siti sparsi tra Terranova, a nord, e la Guyana, a sud. Tra queste Bermuda, Bahamas, Giamaica, Antigua, Santa Lucia, Trinidad. Così facendo, in caso di sconfitta dell'Inghilterra, si preservavano le colonie da eventuali insediamenti tedeschi che avrebbero minato da vicino i territori americani e il traffico marittimo lungo le coste del Nord e Sud America. Quest'accordo, oltre che rafforzare la Royal Navy, "arruolava" gli Stati Uniti nella difesa delle colonie.

Nel 1941 l'isola di Trinidad fu messa in allarme dai numerosi U-boot tedeschi che incrociavano al largo delle sue coste. Il pericolo era che i sommergibili tedeschi potessero utilizzare, come punto di rifornimento durante la loro navigazione nel Mar dei Caraibi, la base navale presso la relativamente vicina isola di Martinica, possedimento francese all'epoca sotto controllo del Governo di Vichy. Questo renderà pensierosi gli Alleati fino al luglio 1943, quando i simpatizzanti della "Francia Libera" scalzarono il governo collaborazionista.

Da Trinidad la tappa successiva prevedeva un volo di altri cinquecentocinquanta chilometri, con uno scalo all'Atkinson Field, nella Guyana britannica. Costruito su una superficie di ventotto ettari, quarantacinque chilometri a sud della capitale Georgetown, l'aeroporto fu intitolato al tenente colonnello Bert Atkinson, comandante del 1st Pursuit Wing sul fronte francese nel 1918. La sua pista in cemento, realizzata dopo aver disboscato parte della foresta e livellato alcune collinette, fu aperta il 20 giugno 1941. Anche su questa base, come in molte lungo la rotta caraibica, operava uno *Squadron*, in questo caso il 44th Reconnaissance Squadron, che utilizzava per il compito a lui assegnato dei sottopotenziati e poco armati Douglas B-18 Bolo, ancora utili però come trasporti e per la lotta antisommergibile. Fu un aereo di questo tipo, in forza al 45th Bombardment Squadron dislocato presso la France Air Force Base, Panama Canal Zone, che il 22 agosto 1942 affondò nel Mar dei Caraibi l'U-boot *U-654*, primo sommergibile tedesco colato a picco per opera di un velivolo statunitense. L'affondamento, avvenuto a circa trecento chilometri a nord dell'imbocco del Canale di Panama, causò la perdita dell'intero equipaggio.

Vista aerea dell'Atkinson Field (Guyana britannica). Sorto su un'aerea strappata alla foresta equatoriale, i tecnici e i militari statunitensi riuscirono, anche grazie alla manodopera locale, a realizzare un aeroporto con tutti i servizi necessari: centrali elettriche, impianti di trattamento delle acque, sistemi fognari, un ospedale, caserme, riserve idriche di emergenza, hangar, depositi munizioni interrati, mense, aree ricreative, magazzini.

Una foto consumata dal tempo in cui è ripreso lo Zandery Field (Guyana olandese). I primi soldati e tecnici statunitensi arrivarono il 30 novembre 1941 e iniziarono i lavori per ampliare il piccolo aeroporto esistente, utilizzato dalla Pan American già dal 1928.

Dopo altri millequattrocento chilometri e aver sorvolato le foreste tropicali della Guyana olandese (oggi stato indipendente con il nome di Suriname) e della Guyana francese, gli equipaggi atterravano all'aeroporto di Belém, in territorio brasiliano. Come visto in precedenza, in questa prima fase, uno scalo nella Guyana francese era, se possibile, evitato poiché il territorio si trovava sotto controllo del governo collaborazionista di Vichy.

In alternativa una pista di atterraggio intermedia era disponibile presso la base di Zandery Field nella Guyana olandese. Gli Stati Uniti infatti, dopo l'invasione dei Paesi Bassi da parte delle truppe tedesche, avevano ottenuto dal governo olandese in esilio la possibilità di ampliare e utilizzare l'aeroporto esistente, posto circa quaranta chilometri a sud della capitale Paramaribo. Così facendo ottennero anche la possibilità di proteggere il piccolo stato sudamericano, uno dei principali produttori mondiali di bauxite, utilizzata nella produzione dell'alluminio. Il 30 novembre 1941 giunsero le prime squadre dell'esercito statunitense che ampliarono e implementarono le strutture della base. Anche su quest'aeroporto furono dislocati, nel corso della guerra, diversi *Squadron* in funzione antisommergibile. Il 2 ottobre 1942 un velivolo B-18A, appartenente al 99th Bombardment Squadron, di base a Zandery Field e pilotato dal capitano Howard Burhanna, avvistò e attaccò, duecento chilometri a nord della città della Cayenne, l'U-boot tedesco *U-512*. Con un volo basso sul mare, l'aereo lasciò cadere le sue bombe di profondità che colpirono il sommergibile, affondandolo, decretando così la sua sorte e quella di cinquantuno membri dell'equipaggio.

Douglas B-18 Bolo del 12th Bombardment Squadron in volo sulla Guyana britannica nel 1943. Entrato in servizio nel 1936, il B-18 fu costruito in 350 esemplari. Alla data dell'entrata in guerra degli Stati Uniti era considerato ormai superato nel ruolo di bombardiere e fu relegato, quindi, a compiti di sorveglianza antisommergibile.

Solo un marinaio, il *matrosengefreiter* (Comune di prima classe) Franz Machon, riuscì a mettersi in salvo su di una zattera lanciata da un aereo americano. Fu trovato e soccorso dieci giorni dopo, disidratato e bruciato dal sole, dal cacciatorpediniere americano USS *Ellis* che incrociava nella zona. Al momento del recupero il naufrago aveva percorso, in balia delle correnti marine, più di quattrocento chilometri in direzione ovest-nord-ovest.

Altra pista utile lungo la rotta era quella di Amapa Field, campo posto nei pressi del confine con la Guyana francese ma già in territorio brasiliano. Questa tappa consentiva di spezzare in due tratte, di pari lunghezza, il volo per Bélem.

La base di Bélem – Val de Cans, in seguito agli accordi presi dal Brasile con gli Stati Uniti, crebbe quindi d'importanza come aeroporto per il trasferimento dei velivoli lungo la costa sudamericana prima del balzo atlantico verso il continente africano.

Per le operazioni erano disponibili due piste pavimentate in asfalto, entrambe di circa 1800 metri di lunghezza per sessanta di larghezza. Queste sostituirono il precedente sedime in terra battuta, realizzato nel 1934 dal Ministero del Traffico e dei Lavori Pubblici, che comprendeva una pista di 1200 metri con orientamento est/ovest, un piazzale in cemento per il parcheggio degli aeromobili, un hangar e poche altre strutture dedicate.

Ora le nuove installazioni erano più consone a un utilizzo militare su larga scala. Inoltre, poco distante, era presente anche una base per idrovolanti posta nel porto fluviale di Bélem, lungo il Rio Guajará. La base navale era collegata tramite una taxiway (via di rullaggio) all'aeroporto. Da qui operavano, in funzione antisommergibile, i Consolidated PBY Catalina, sia della FAB (Força Aérea Brasileira) che dell'US Navy.

La base fu restituita al Ministero dell'Aeronautica Brasiliano nel giugno del 1945.

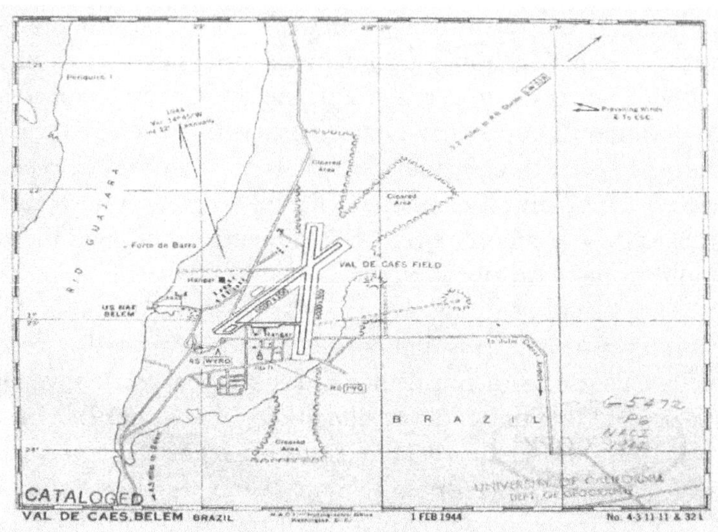

Mappa dell'aeroporto brasiliano di Belem – Val de Cans – Febbraio 1944.

In questa fotografia dell'aeroporto di Val de Cans, si distingue, in primo piano, la base navale utilizzata dagli idrovolanti con la rampa di alaggio e il raccordo per accedere alle piste (visibili in secondo piano).

In questa immagine, relativa alla mensa della base di Belem – Val de Cans, possiamo vedere come agli equipaggi era riservato un buon trattamento con tanto di servizio ai tavoli effettuato da camerieri in divisa. Il medesimo trattamento si poteva trovare presso altre basi in territorio brasiliano, in modo particolare presso l'aeroporto Parnamirim, a Natal.

Ultima tratta in territorio brasiliano: Belém – Natal. Millecinquecento chilometri da volare in prossimità della costa atlantica per raggiungere il Parnamirim Field, all'epoca la più grande base aerea al di fuori degli Stati Uniti.

Come già accennato in precedenza, lo scoppio della guerra in Europa nel settembre 1939 e l'andamento favorevole delle operazioni, nei primi due – tre anni del conflitto, alle forze italo-tedesche, preoccuparono non poco il governo statunitense per un possibile attacco delle forze dell'Asse al Sud America dove, in alcuni Stati, erano in carica governi simpatizzanti verso i due regimi totalitari, fascista e nazista.

Fu quindi identificato, dopo attenta valutazione da parte del comandante dell'US Air Force Lieutenant General (Generale di Squadra Aerea) Delos Carleton Emmons, come punto probabile di un'invasione lo stato del Rio Grande do Norte, con la piccola città di Natal, punto più vicino alla costa africana. Nel quadro generale dell'ampliamento e costruzione di nuovi aeroporti, la piccola pista di fortuna di Parnamirim entrò così di diritto tra quelle degne di particolare attenzione.

Creata nel marzo del 1942, la base di Parnamirim arrivò a contare dai 4000 ai 6000 soldati americani adibiti al funzionamento della base stessa.

La presenza di questa installazione causò un grande impatto sulla piccola cittadina di Natal che, durante il conflitto, vide arrivare da tutto il Brasile persone in cerca di un'occupazione presso la base stessa o nelle attività d'indotto che questa produceva. Da una popolazione stimata in circa 40.000 abitanti presenti prima della costruzione della base, si arrivò a contarne quasi 80.000 alla fine della Seconda guerra mondiale.

Da Natal decollavano e atterravano aerei ogni tre minuti rendendo così questa base americana la più affollata del globo. Dalle sue due piste decollarono quasi 20.000 aerei per attraversare l'Atlantico del Sud con direzione Monrovia e Takoradi, per poi proseguire verso i vari teatri di guerra.

Particolare attenzione fu dedicata alla realizzazione dei serbatoi di carburante. Venti serbatoi fuori terra e dodici cisterne interrate potevano stivare oltre 528.000 galloni, equivalente a due milioni di litri di carburante avio. Il rifornimento avveniva tramite autocisterne che immettevano il carburante nella rete di oltre venti chilometri di tubi interrati. Il tutto si svolgeva ininterrottamente nelle ventiquattro ore, con il personale addetto che lavorava su turni.

Attraverso i lavoratori brasiliani impiegati presso la base iniziò a spargersi per tutto il Brasile la cultura statunitense, influenzando così il modo di vivere della popolazione locale. Qui fu realizzato il primo impianto d'imbottigliamento della Coca-Cola del Sud America e gli abitanti di Natal furono i primi brasiliani ad utilizzare il chewing gum!

La vita presso la base concedeva anche alcuni "lussi" che spesso non erano riscontrabili presso altre basi, tantomeno in quelle dislocate lungo la linea dei combattimenti.

A Parnamirim erano disponibili sale dedicate allo svago degli ufficiali, sottufficiali e soldati, con biliardi, tavoli da ping-pong, sale lettura, biblioteche, senza contare le aree adibite allo sport con campi di pallavolo, tennis, tiro con l'arco e i relativi istruttori dedicati alle singole attività. Locali mensa, lavanderie, spaccio per la truppa ed altri servizi erano accessibili ventiquattro ore al giorno, senza contare i cinematografi o le spiagge nelle immediate vicinanze, servite queste ultime da camion per il trasporto del personale.

Vista aerea dell'aeroporto di Parnamirim (Natal) nel giugno 1942. Verso la fine del conflitto fu realizzata una terza pista per supportare l'incremento del traffico aereo.

Presso gli acquartieramenti della base furono programmate rappresentazioni condotte dagli artisti e stelle del cinema più popolari del momento. Le sue piste furono calcate da personaggi come Ava Gardner, Bing Crosby, l'orchestra di Glen Miller, Clark Gable, Orson Wells, Humphrey Bogart.

Sulla base di Parnamirim operava, oltre alle forze statunitensi, anche il Grupo Misto de Aviação dell'aeronautica brasiliana che schierava quarantacinque velivoli di vari modelli. Tra questi il bombardiere medio B-25, il caccia P-40 e il bombardiere leggero-ricognitore A-28 Lockheed Hudson. Questi erano utilizzati, in cooperazione con le forze statunitensi, per il pattugliamento delle coste e il controllo del Sud Atlantico in funzione antisommergibile e protezione dei convogli.

La base di Natal fu anche il punto di arrivo del più lungo volo non-stop con partenza dagli Stati Uniti.

Il 24 gennaio 1944, infatti, un velivolo idrovolante da trasporto Martin Mars XPB2M-1R partito dalla NAS (Naval Air Station) di Patuxent River, nel Maryland, con un carico di 13.000 libbre (circa 6000 chilogrammi), percorse 4735 miglia (quasi 8000 chilometri, record Alleato in tempo di guerra per missione di rifornimento) ammarando a Natal dopo ventotto ore e venticinque minuti di volo ininterrotto. Questo fu un ottimo test per il velivolo che sarà impiegato come aereo da trasporto nel teatro del Pacifico.

Il Martin Mars XPB2M-1R era un prototipo convertito, nel dicembre 1943, in versione da trasporto con la rimozione dell'armamento, ingrandimento dei portelli di carico esistenti, l'installazione di ulteriori nuovi boccaporti, un piano di carico rinforzato e vari rinforzi strutturali. In totale furono realizzati sette esemplari denominati Martin JRM Mars. Il primo fu introdotto in servizio il 30 novembre 1943, mentre l'ultimo fu consegnato nel corso del 1947. Tutti, tranne il prototipo denominato *The Old Lady*, furono battezzati con nomi di arcipelaghi: *Philippine Mars, Marianas Mars, Marshall Mars, Caroline Mars, Hawaii Mars II* (il primo *Hawaii Mars* venne perso in un incidente alcune settimane dopo il suo primo volo). Un esemplare è ancora oggi operativo in Canada nel ruolo antincendio con la possibilità di imbarcare ventisette tonnellate d'acqua.

In alto: la rotta seguita dal velivolo per collegare Patuxent River con Natal. In basso: un idrovolante quadrimotore Martin Mars sviluppato come trasporto truppe e materiali. Il prototipo di questo velivolo portò a termine il volo record, senza scalo, di 8000 chilometri tra gli Stati Uniti e il Brasile.

L'aerodromo di Natal vide anche il transito di velivoli classificati VHB (Very Heavy Bombers). Si trattava dei bombardieri strategici Boeing B-29 Superfortress destinati al fronte del sud-est asiatico, cinese e del Pacifico. Il primo atterrò a Parnamirim il 25 giugno 1944. Dei duecentoventi B-29 che effettuarono il balzo atlantico verso l'Africa e l'Estremo Oriente, solo tre furono le perdite. Uno fu perso per un incidente al decollo e due lungo la rotta per esaurimento del carburante. Di questi ultimi, l'equipaggio di uno fu tratto in salvo al largo della costa africana, l'altro svanì senza lasciare traccia.

Dalla base di Natal – Parnamirim passarono, dalla metà del 1942, data della sua apertura, al maggio 1945, termine del conflitto in Europa, quasi 18.600 aerei, senza contare le tonnellate di merci, materiale strategico, posta ed altri carichi utili alle operazioni di guerra.

La base, per il contributo che all'epoca diede allo sforzo bellico, fu soprannominata "Trampolino della Vittoria".

Una visione d'insieme del Parnamirim Field (Natal).

Base aerea di Natal, inizio 1945. Boeing B-29 parcheggiati in attesa di attraversare l'Atlantico per raggiungere la loro destinazione finale.

Dopo aver attraversato tutto il continente americano da nord a sud, percorrendo la costa est degli Stati Uniti, passando attraverso le isole caraibiche, scendendo lungo la costa dell'America meridionale e aver sostato per un breve riposo nella base di Natal, ora agli equipaggi sono pronti per la tappa più impegnativa e pericolosa del viaggio: la traversata del Sud Atlantico.

In questa tratta lasciavano la sicurezza di avere, in caso di avaria, un campo di volo o, perlomeno, una spiaggia, un pezzo di terra dove atterrare e attendere i soccorsi. Ora, la vastità dell'oceano, con i suoi capricci meteorologici, senza punti di riferimento, rappresentava un'incognita e causava non poca apprensione nei piloti, soprattutto dei velivoli monomotori, che si apprestavano al lungo volo.

I piloti in partenza potevano ancora contare, in caso di emergenza, sull'aeroporto dell'isola di Fernando de Noronha, in acque territoriali brasiliane, a circa trecentosessanta chilometri da Natal. Questa è la più grande delle ventuno isole, isolotti e scogli che fanno parte dell'arcipelago di origine vulcanica.

Su quest'isola, dalla lunghezza di dieci chilometri e una larghezza massima di quasi quattro, era già preesistente un aeroporto costruito nel 1934 ma, come già visto per altre località, nel corso del 1942 questo fu ampliato e la pista estesa fino a raggiungere la lunghezza di 1800 metri. Nel frattempo la costruzione di un nuovo terminal, strutture atte ad alloggiare una guarnigione di 3000 soldati, postazioni di cannoni e batterie antiaeree dislocate lungo il suo perimetro, cambiarono il volto dell'isola. Oltre che possibile campo di emergenza, il suo aeroporto fu utilizzato da velivoli PBY Catalina dell'US Navy in funzione antisommergibile.

Distaccamento brasiliano sull'isola di Fernando de Noronha. Dopo l'entrata in guerra del Brasile contro le forze dell'Asse, la guarnigione di presidio sull'isola fu rinforzata anche grazie all'arrivo di truppe americane.

Fu proprio un Catalina dello Squadron VP-83 che avvistò ed affondò, il 15 aprile 1943, il sommergibile italiano *Archimede* che stava navigando, in superficie, nelle acque attorno a Fernando de Noronha in attesa di un U-boot tedesco che avrebbe dovuto rifornire l'alleato italiano. Nell'attacco, oltre alla perdita del sommergibile, perirono quarantuno membri dell'equipaggio. I restanti diciannove, fra cui il comandante Capitano di Corvetta Guido Saccardo, salirono su tre battellini lanciati dallo stesso Catalina. Di questi, solo il venticinquenne sottocapo nostromo Giuseppe Lo Coco sopravvisse dopo ventisei giorni alla deriva.

Dopo la "rassicurante" vista dell'isola di Fernando de Noronha, i ferry pilots avevano davanti a se circa duemila chilometri di oceano prima di atterrare sull'Isola di Ascensione per rifornirsi e proseguire per altri duemila chilometri e raggiungere la prima tappa africana: Takoradi. L'isola, come precedentemente visto, era stata scelta per la sua posizione posta all'incirca a metà strada tra la costa brasiliana di Natal e quella africana di Takoradi. Questo permetteva alla maggior parte dei velivoli bimotori di compiere le due tratte con un normale pieno di carburante, mentre ai velivoli monomotori occorreva aggiungere una dotazione di serbatoi esterni supplementari.

Terminava così la tratta americana del volo. Da qui in poi, come abbiamo visto nei capitoli precedenti, agli equipaggi si presentava la traversata del continente africano che, per le sue caratteristiche orografiche e meteorologiche, si annunciava non meno problematica rispetto alle tratte in precedenza volate.

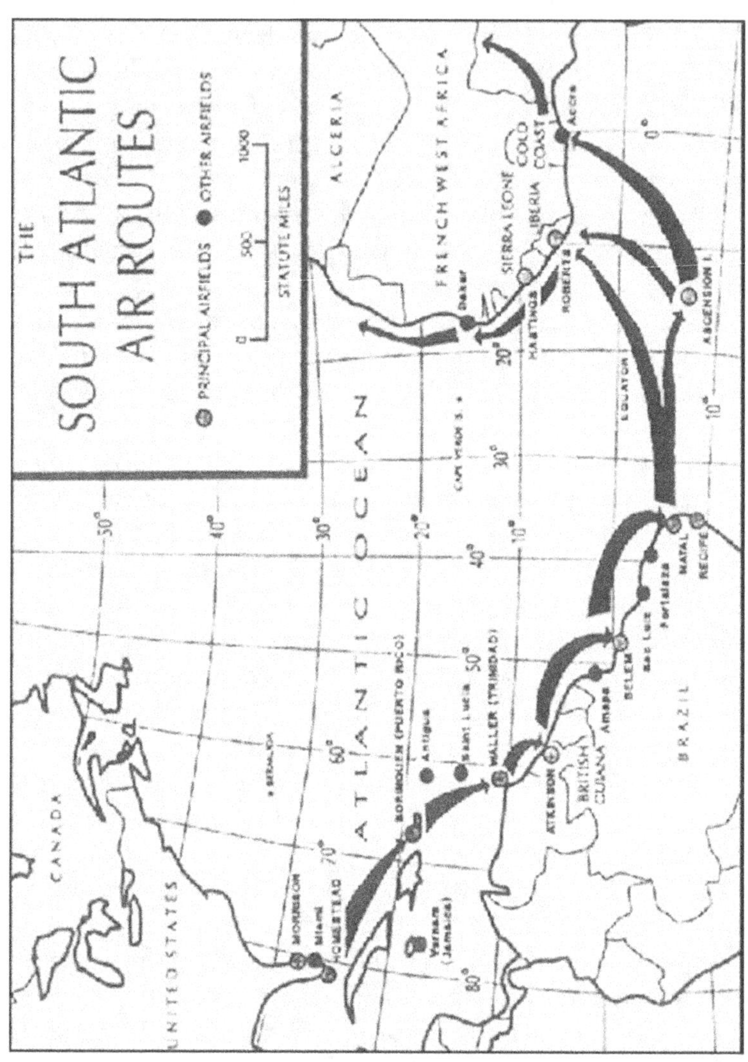

Le rotte del Sud Atlantico permettevano anche ai velivoli monomotori di portare a termine i trasferimenti in relativa sicurezza fino al grande balzo da Natal a Takoradi.

Le altre rotte aeree

Oltre alla rotta del Nord Atlantico, a quella che costeggiava l'America meridionale e la rotta centrafricana, altri percorsi integravano lo scenario del ferry flight mondiale atto alla consegna dei velivoli su vari fronti di guerra.

Per completezza descriveremo brevemente queste rotte e il loro utilizzo.

Come già visto, la Takoradi Route aveva delle diramazioni secondo la destinazione finale degli aerei che la percorrevano. A Khartum i velivoli si dividevano. Quelli destinati al fronte del Nord Africa volgevano la prua in direzione nord, verso il Cairo, mentre quelli che proseguivano per il fronte indiano e indocinese si dirigevano ad est.

I velivoli plurimotori erano inviati, con un volo di millequattrocento chilometri da Khartum ad Aden, piccola colonia della corona britannica prospiciente il golfo omonimo, posta lungo la costa dello Yemen. Da qui, con un volo di circa 2700 chilometri, proseguivano per Karachi, oggi in Pakistan ma all'epoca facente parte dell'Impero angloindiano. Dopo di che erano inviati alle basi operative del subcontinente indiano.

I caccia monomotori invece, data la loro scarsa autonomia, seguivano un percorso differente. Dal Cairo proseguivano per la base RAF Habbaniya, posta nei pressi di Baghdad (Iraq), continuavano poi per Bassora e Karachi. Da qui, usufruendo di una serie di aeroporti dislocati sul territorio indiano, raggiungevano le destinazioni loro assegnate. Tra queste anche il campo di Kunming, in Cina, dove l'ATC (Air Transport Command) istituì un servizio di trasporto che costituiva il punto di arrivo del ponte aereo che prese il nome di "The Hump" (La Gobba), dove "gobba" era la catena montuosa dell'Himalaya. Partendo dagli aeroporti di Chabua, Dinjan e Ledo situati in India, al confine con la Birmania, caduta quest'ultima nel maggio 1942 nelle mani dei giapponesi, o dall'aeroporto di Calcutta, superati i contrafforti himalayani, i velivoli rifornivano di aiuti ed equipaggiamenti l'esercito cinese, in guerra al fianco degli Alleati contro l'Impero giapponese. La rotta, denominata ABC (Assam – Birmania – Cina), era insidiosa non solo per il possibile incontro con la caccia nemica ma, soprattutto, per le condizioni meteorologiche particolarmente critiche.

Aeroporto di Habbaniya (Iraq) nel 1941

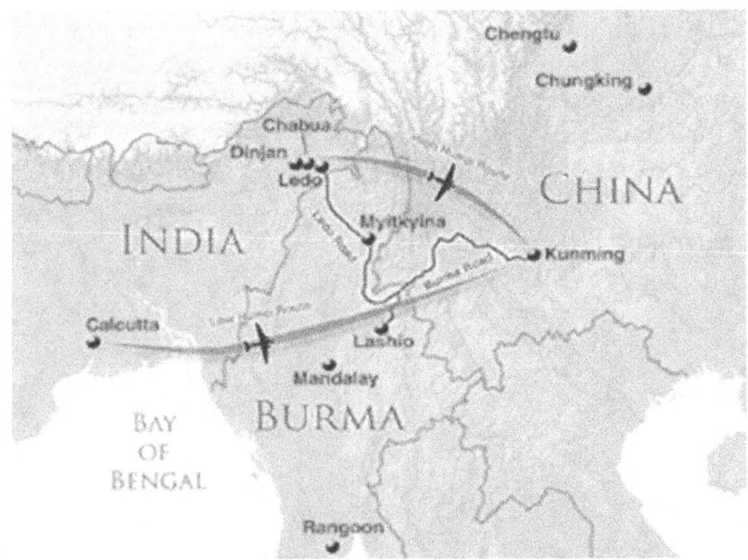

"The Hump", la Gobba. Così era chiamata la rotta che collegava l'India alla città di Kunming, in Cina, valicando la catena montuosa dell'Himalaya.

Altra importante rotta fu l'ALSIB (ALaska-SIBerian air road), una rotta tra l'Alaska e la Siberia, attraverso lo stretto di Bering, utilizzata per rifornite di velivoli l'Unione Sovietica grazie alla legge Lend-Lease. Questa "strada" partiva dal Ladd Army Airfield a Fairbanks, in Alaska. Qui i velivoli che arrivavano dalle fabbriche erano controllati da personale dell'USAAF prima dell'ispezione sovietica. Dopo che gli ispettori sovietici avevano accettato e preso in carico i velivoli, questi, con equipaggi russi, venivano traghettati da Fairbanks fino a Krasnoyarsk, una città Russa della Siberia centrale, sede di un centro addestramento al volo. Da qui erano smistati sui vari fronti di combattimento. Il percorso, che si svolgeva sopra una tundra solitaria e inospitale, priva di utili riferimenti alla navigazione, con condizioni meteo spesso marginali, era suddiviso in cinque tappe, ognuna gestita da un gruppo di volo differente, questo per consentire ai piloti di acquisire familiarità con il segmento assegnato. Il volo degli aerei monomotori era seguito da velivoli bimotori (solitamente North American B-25 Mitchell o Douglas A-20 Havoc) con l'incarico di apripista. Uno in testa alla formazione fungeva da navigatore e l'altro, in retroguardia, raggruppava i "ritardatari".

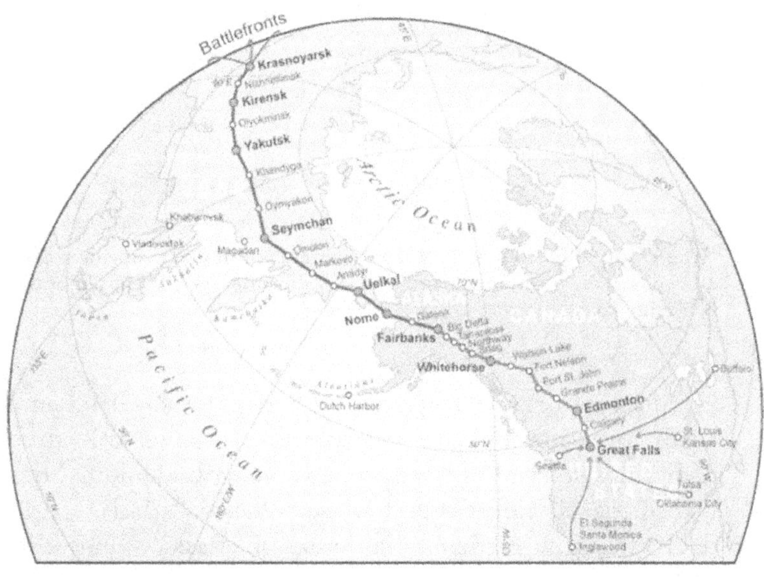

L'ALSIB, rotta utilizzata per rifornire l'alleato sovietico attraverso il Nord America e la Siberia

I velivoli da trasporto Douglas C-47, anch'essi acquisiti con la "Legge Affitti e prestiti", trasportavano nuovamente i piloti traghettatori verso est per recuperare nuovi aeromobili. Su questa tratta furono trasferiti per la maggior parte bombardieri B-25, A-20 e trasporti C-47. Tra i caccia, invece, spiccano il Bell P-39 Airacobra e il suo successore, il Bell P-63 Kingcobra, velivoli che non ebbero grande successo presso i piloti americani ma furono molto apprezzati da quelli sovietici. Su questa rotta durante i ventuno mesi in cui restò attiva, furono consegnati 7983 aerei mentre le perdite ammontarono a centotrentatré velivoli. Questo flusso ebbe, però, diverse interruzioni poiché i sovietici, in più di un'occasione, si rifiutarono di accettare i lotti di velivoli assegnati.

Monumento eretto a Fairbanks (Alaska) in memoria dell'Alaska-Siberian Route.

I sovietici, oltre che tramite l'ALSIB, erano riforniti di velivoli anche attraverso la Takoradi Route. Arrivati al Cairo gli aerei venivano avviati verso l'aeroporto di Mehrabad nei pressi di Teheran, in Iran, dove passavano in consegna agli equipaggi russi che li trasferivano fino a Baku, sulle rive del Mar Caspio, nell'attuale Azerbaigian.

Nel periodo 1942-45 fu attiva anche la rotta verso le Isole Aleutine, in Alaska.

Nel giugno 1942 un piccolo contingente giapponese riuscì ad impadronirsi delle isole di Attu e Kiska, unico territorio insulare statunitense occupata dal nemico. In questo lembo di terra reso ostile dall'orografia e dal clima, furono inviati aiuti in materiale, equipaggiamento e aerei attraverso un ponte aereo che partiva dal Gray Army Airfield nello stato di Washington, al confine con il Canada. Seguendo la costa canadese e quella dell'Alaska, gli aiuti raggiungevano, dopo un percorso di oltre 5000 chilometri, l'estremità dell'arcipelago delle Aleutine e l'Alexai Point Army Airfield, sull'isola di Attu. La rotta, nonostante la forza d'invasione giapponese fosse stata annientata nell'agosto 1943, fu attiva fino alla fine della guerra e la base chiusa nel giugno 1946.

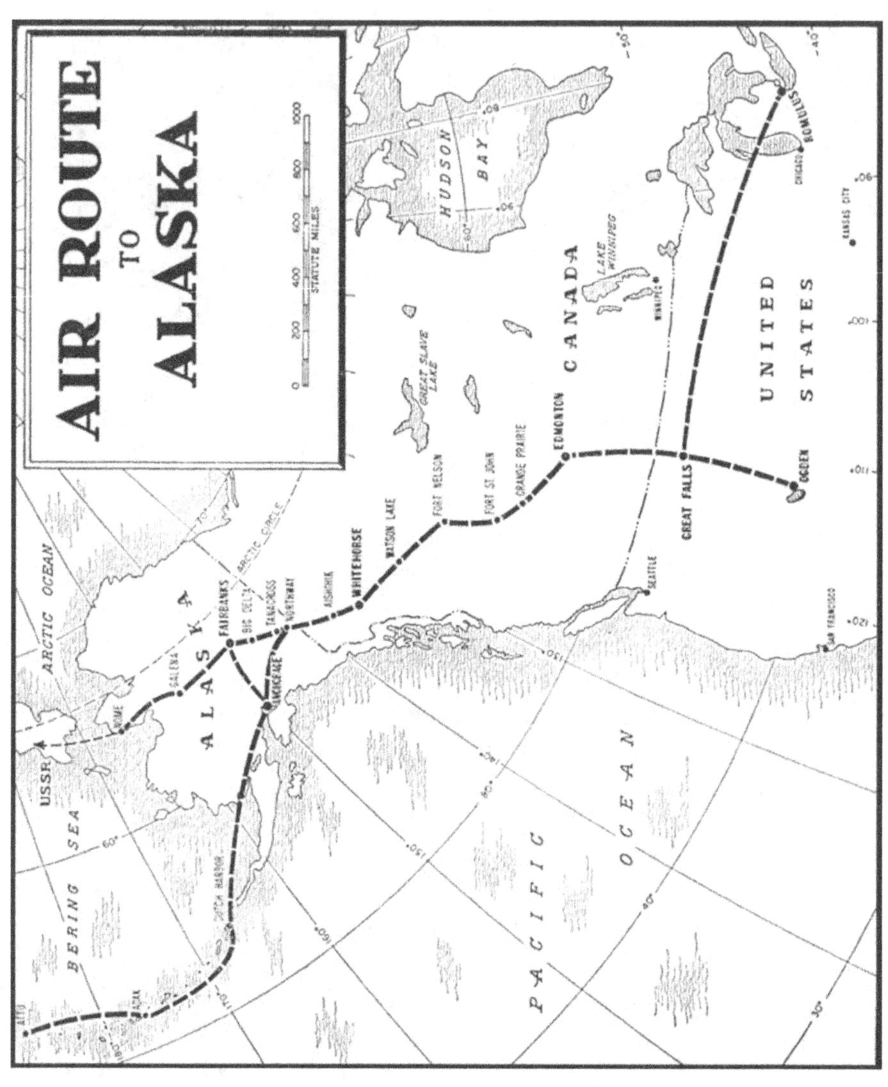

La rotta aerea per l'Alaska con le diramazioni verso la Siberia e l'Unione Sovietica e quella verso le Aleutine, fino all'isola di Attu.

La rotta del Pacifico seguiva inizialmente quella aperta dalla Pan American Airways che istituì, nel novembre 1935, il primo servizio aereo regolare tra San Francisco e le Hawaii con un proseguimento fino a Manila, nelle Filippine. Questa tratta sarà ampliata, prima dell'entrata in guerra degli Stati Uniti, con un collegamento verso Hong Kong e Singapore e a sud verso Auckland, in Nuova Zelanda e l'Australia. Man mano che le mire espansionistiche del Giappone si facevano sempre più pesanti, per salvaguardare gli interessi americani nel Pacifico furono inviati, nel maggio 1941, al campo di Hickam Field nelle Hawaii i primi bombardieri B-17. In seguito, nel novembre dello stesso anno, un gruppo di ventisei B-17 fu trasferito dalla California alla Clark Field Base, nelle Filippine, passando per le Hawaii, le Isole Midway, Wake Island, Port Moresby in Nuova Guinea e Darwin in Australia. In seguito all'attacco giapponese a Pearl Harbor, nuove rotte furono aperte e utilizzate per rifornire il teatro del Pacifico. Tutte avevano origine in California e passavano gioco forza dalle isole Hawaii. Da qui proseguivano poi verso sud.

La South Pacific Route n° 1 passava da Christmas Island (Kiritimati), le Isole della Fenice (Kiribati), le Isole Fiji, la Nuova Caledonia, fino alle coste dell'Australia.

La South Pacific Route n° 2, invece, collegava le Hawaii alle Isole Tonga, l'Isola di Norfolk fino all'Australia. Queste ultime due rotte furono poi ampliate, con il proseguire della guerra e l'arretramento delle linee giapponesi, alle Isole dell'Ammiragliato, alla Nuova Guinea, a Guadalcanal (Isole Salomone), Manila fino a ricongiungersi a Kunming, alla "Hump Route" proveniente dall'India.

Le rotte descritte in questo capitolo, compresa la Takoradi Route e le rotte del Nord e Sud Atlantico, alla fine interessarono tutti e cinque i continenti, coprendo più dei due terzi della superficie terrestre.

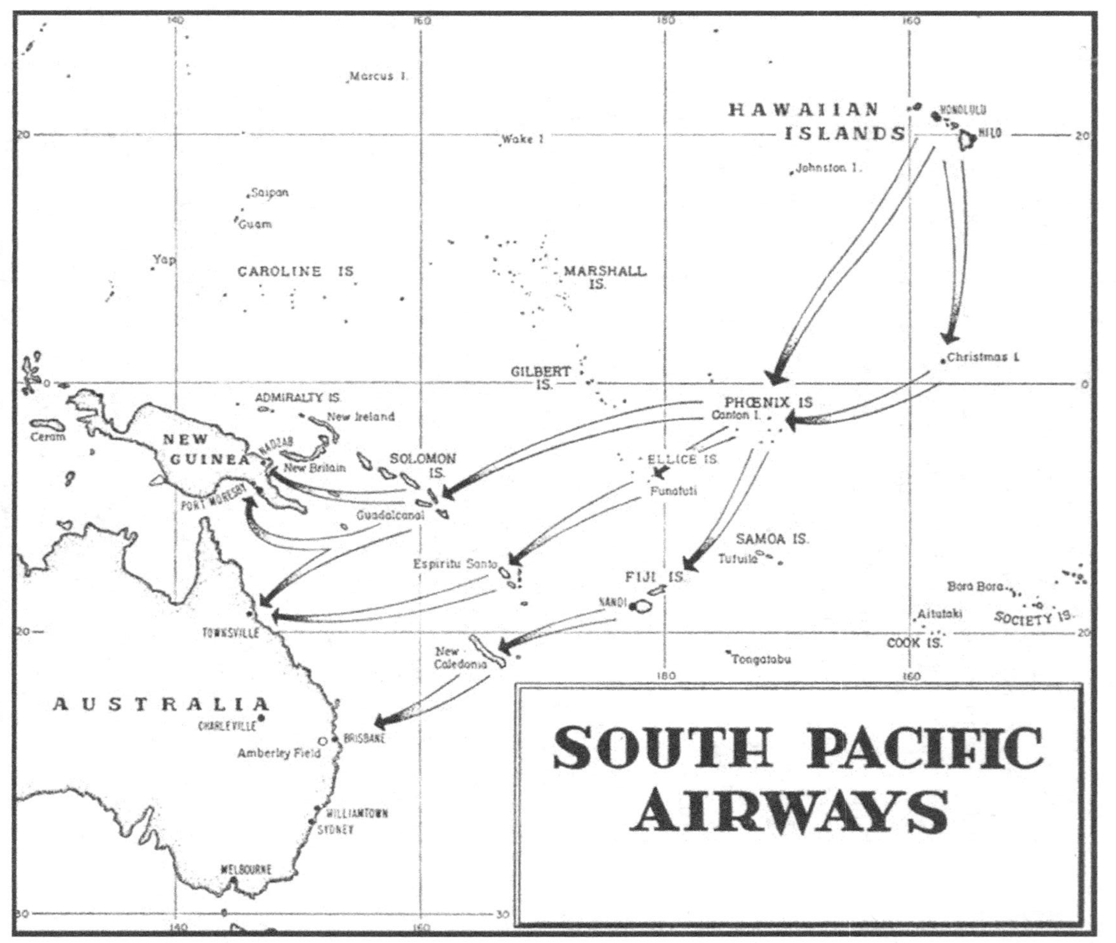

Rotte aeree per la zona operativa del Sud Pacifico

118

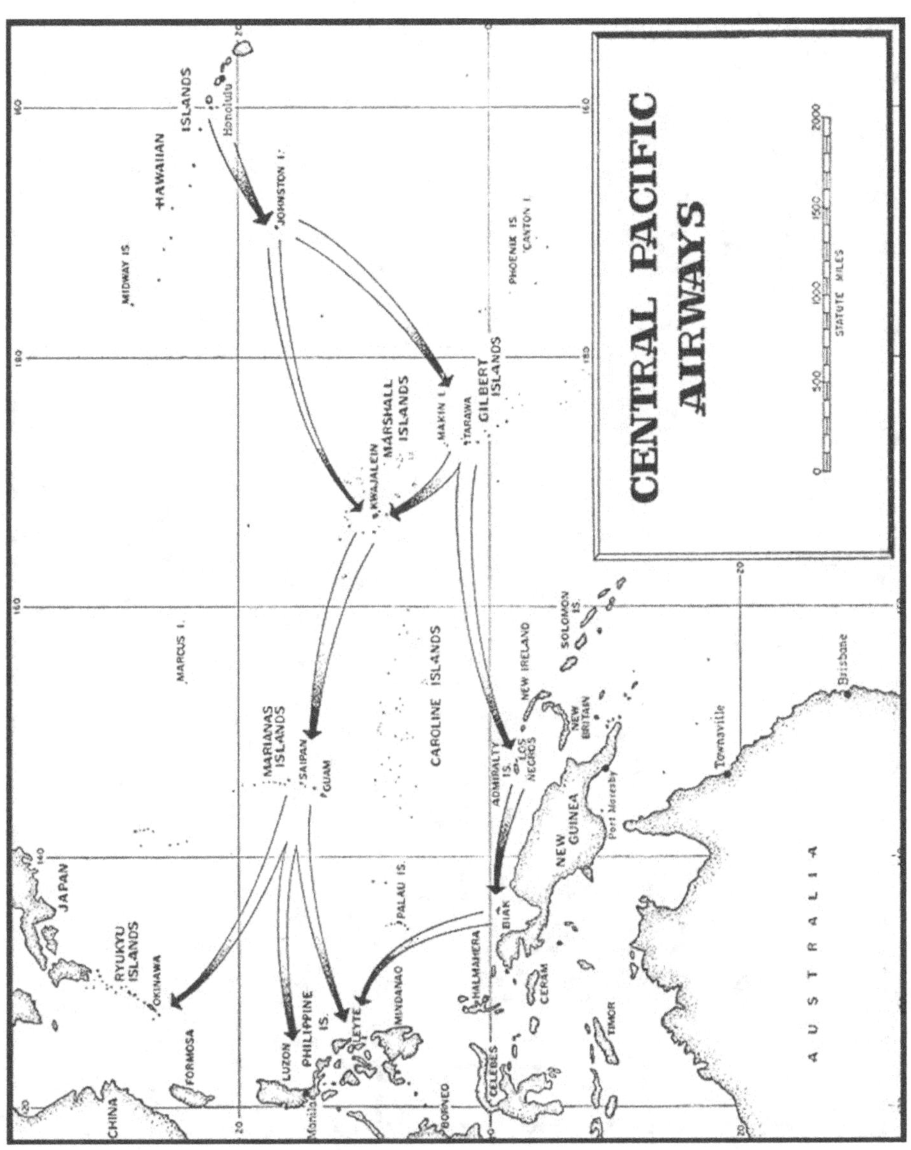

Rotte aeree per la zona operativa del Pacifico centrale.

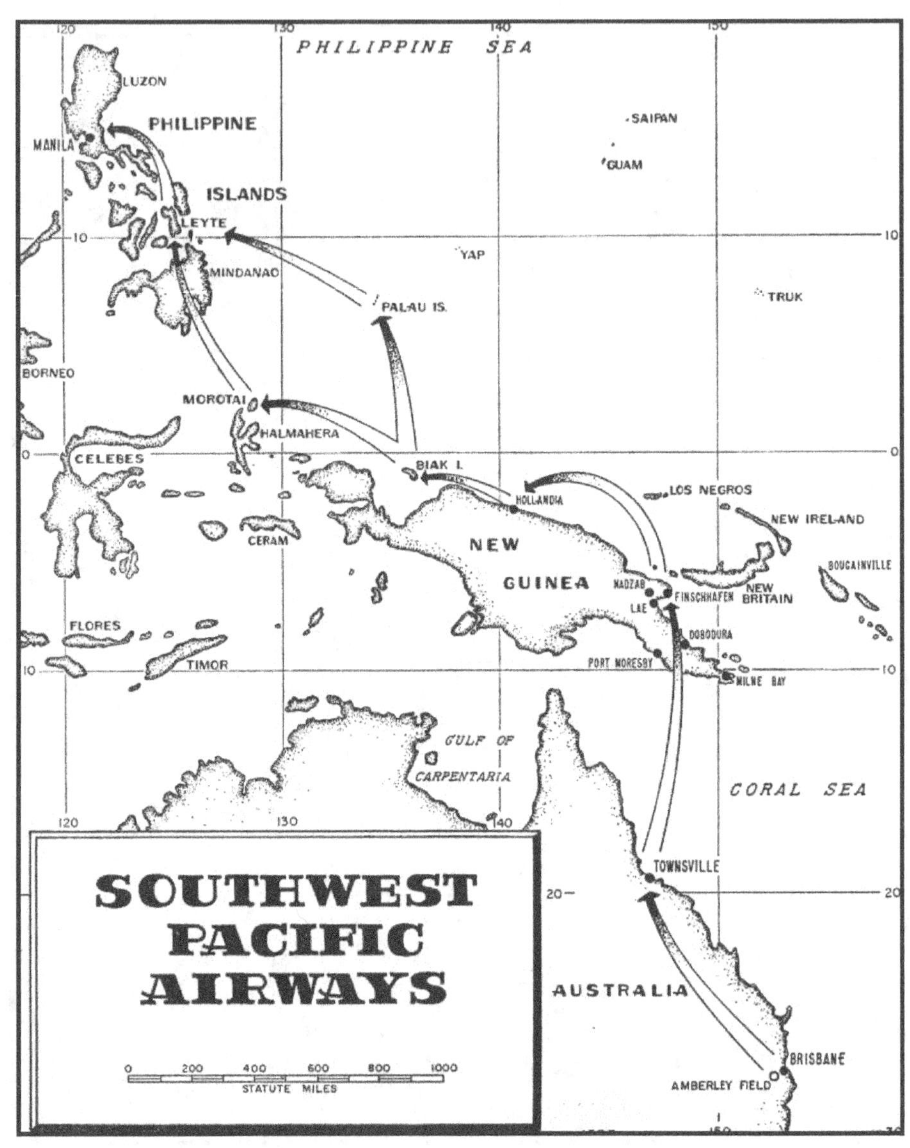

Rotte aeree per la zona operativa del sud-ovest del Pacifico, Nuova Guinea e Filippine.

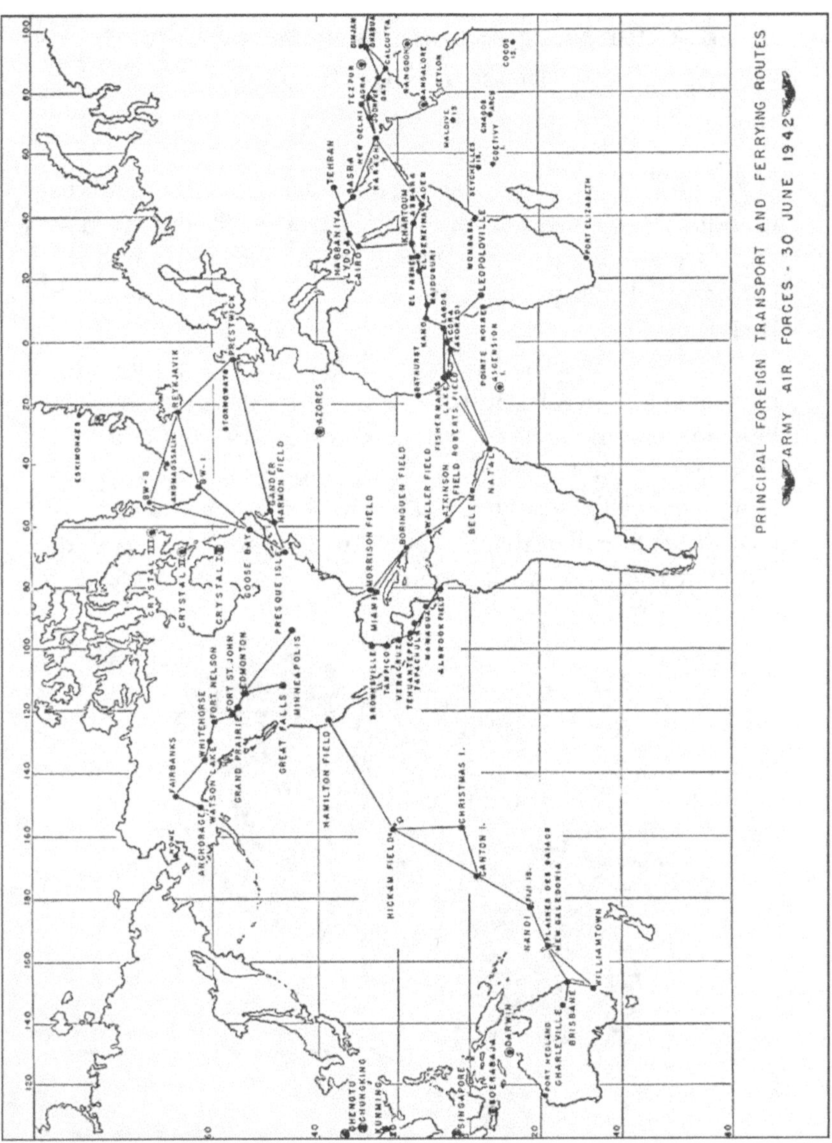

Mappa delle principali rotte aeree mondiali. Come si può rilevare, queste coprivano l'intero globo interessando tutti e cinque i continenti.

L'importanza delle operazioni aeree durante il blocco di Berlino

A distanza di tre anni dal termine del secondo conflitto mondiale, l'organizzazione e la logistica degli Stati Uniti si dimostreranno nuovamente vincenti in un contesto dove l'utilizzo del mezzo aereo fu l'unico possibile per risolvere la situazione.

Nel 1948 l'Unione Sovietica che, insieme a statunitensi, britannici e francesi, controllava una parte della città di Berlino, impose un blocco stradale e ferroviario alla città. Di fatto un fermo al movimento di persone e merci verso la zona ovest dell'ex-capitale del Terzo Reich. Furono così tagliati tutti i collegamenti che attraversavano la parte di Germania sotto controllo sovietico.

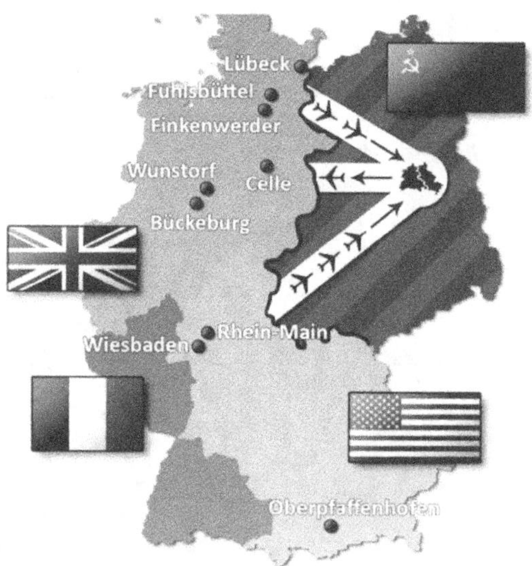

Settori di occupazione sovietica, americana, inglese e francese con i corridoi aerei utilizzati per collegare la Germania Ovest con Berlino.

Il blocco riguardava le vie terrestri e fluviali ma le gerarchie militari e politiche sovietiche non si preoccuparono della chiusura dello spazio aereo.

Furono sfruttati quindi i tre corridoi aerei che collegavano la zona occidentale di Berlino con la Germania Ovest, sotto controllo occidentale. Due corridoi, da Berlino, erano diretti verso il settore inglese a ovest e nord-ovest e un terzo verso la zona americana, a sud-ovest. Questi si rivelarono dei "cordoni ombelicali" provvidenziali per la sopravvivenza della città che si trovava nello scomodo ruolo di assediata.

Douglas C-47 americani vengono scaricati sull'aeroporto di Tempelhof (Berlino Ovest).

L'intenzione dei sovietici era di far abbandonare la città alla coalizione occidentale costituita da americani, francesi ed inglesi, riducendone così il loro prestigio e credibilità in abito internazionale. Quello che i russi non si aspettavano era la mastodontica impresa di trasporto aereo istituita dagli americani per rifornire i berlinesi.

Già il 25 giugno, giorno successivo all'inizio del blocco, era stato messo in atto un enorme ponte aereo, che passerà alla storia come il "Ponte aereo di Berlino", che continuò ininterrottamente, giorno e notte, per ben 462 giorni, fino al 30 settembre 1949 (anche se il blocco fu revocato dai sovietici il 12 maggio dello stesso anno).

Il ritmo dei decolli e atterraggi era così serrato che se un velivolo mancava l'avvicinamento, non aveva più la possibilità di eseguire un ulteriore circuito per un nuovo atterraggio. Doveva rientrare nuovamente all'aeroporto di partenza con il suo carico.

Furono compiuti 278.228 voli, trasportando merce di ogni tipo, compreso il carbone per riscaldamento e produzione di energia elettrica.

Tutto questo non fu esente da incidenti. Trentanove piloti britannici e trentuno americani persero la vita nell'operazione umanitaria. Sono oggi ricordati con un monumento a loro dedicato presso l'aeroporto di Tempelhof, a Berlino.

Anche se, in questo caso, non erano gli aerei a dover essere trasferiti da un punto all'altro, ma le merci che trasportavano, questo dimostrò, ancora una volta, che la componente aerea era diventata oramai indispensabile in qualsiasi contesto, sia militare che civile.

Come per il trasferimento attraverso l'Atlantico e lungo la Takoradi Route, anche nel ponte aereo di Berlino gli Stati Uniti misero in campo tutta la loro potenza industriale e militare, dimostrando di possedere un'ottima tecnica organizzativa dei rifornimenti.

Parafrasando il pensiero del generale e filosofo cinese Sun Tzu nel libro "L'arte della guerra" si può quindi dire che: la tattica vince gli scontri, la strategia vince le battaglie, la logistica vince le guerre.

CONCLUSIONE

Anche se oggi il trasporto aereo ha raggiunto livelli impensabili fino a qualche decennio fa, il ferry flight per la consegna di piccoli velivoli mono e bimotori a elica è ancora un evento che comporta un'attenta pianificazione per la gestione del carburante, le condizioni meteo, la preparazione del velivolo e dell'equipaggio.

Il trasferimento si effettua ancora sulle rotte "aperte" durante la Seconda guerra mondiale, in special modo sulla rotta atlantica che dal Canada, passando per la Groenlandia, l'Islanda e l'Inghilterra, collega il vecchio continente.

Attraversare l'Atlantico a bordo di piccoli aerei monomotori, a bassa quota, con condizioni meteorologiche a volte ai limiti della sicurezza, per lo più in solitaria, non è certo per piloti impreparati.

Mentre i velivoli di linea volano a quote intorno ai diecimila metri, quella degli aerei da turismo non supera i quattromila metri in quanto, la maggior parte di questi, non sono pressurizzati. Questo rende il loro volo sicuramente più esposto alle avverse condizioni meteo che si possono verificare sull'oceano e in prossimità della calotta glaciale artica.

Gli aerei dell'aviazione generale, i velivoli da turismo, che hanno un'autonomia intorno agli 800-1000 chilometri, devono essere equipaggiati con serbatoi supplementari dato che le tratte oceaniche possono raggiungere lunghezze pari al doppio della loro normale autonomia.

Durante i trasferimenti i piloti sono muniti di tute di sopravvivenza per sopportare le rigide temperature dell'acqua in caso di ammaraggio. Una zattera gonfiabile e viveri d'emergenza permettono loro di aver maggiori possibilità di poter sopravvivere fino all'arrivo dei soccorsi.

Tutti i ferry pilots conoscono vicende e aneddoti di colleghi che sono rimasti vittime d'incidenti durante le traversate, ma non per questo rinuncerebbero mai alla loro attività di "piloti traghettatori".

Anche se il trasferimento da un continente all'altro di piccoli velivoli costa parecchie migliaia di dollari, sono decine ogni anno gli aerei che attraversano l'oceano.

Sicuramente i ferry pilots che compiono queste tratte, durante il tragitto, avranno almeno una volta pensato a quegli aviatori, uomini e donne che, decenni prima di loro, impegnavano gli stessi cieli e che, in alcuni casi sono morti o dati per dispersi nell'esecuzione del loro dovere: trasferire velivoli per condurre gli Alleati alla vittoria finale.

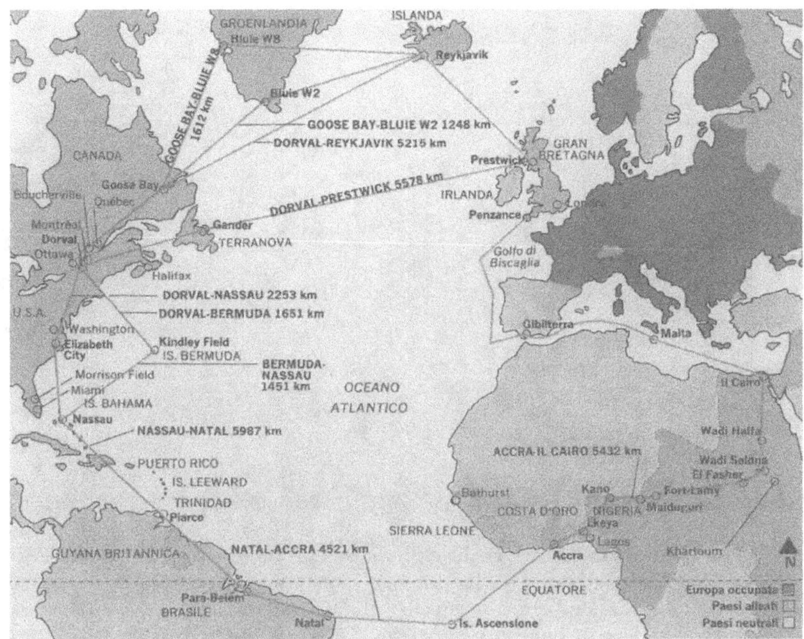

Nella cartina sono riportate le rotte utilizzate per i "Ferry Flights" attraverso il Nord Atlantico, l'America meridionale, l'Atlantico del sud e la rotta centrafricana.

Un soldato inglese osserva una tempesta di sabbia che si avvicina (ottobre 1942). Questa è un'eloquente immagine delle condizioni meteo che dovevano affrontare gli equipaggi (e non solo) in volo sulla Takoradi Route.

P-40 Warhawks del 11th Fighter Squadron parcheggiati sulla base di Fort Glenn (Umnak Island – Aleutine). In questa foto si possono osservare le condizioni in cui erano costretti ad operare gli equipaggi su questa sperduta base ai confini dell'Alaska. Oltre alla neve durante i mesi invernali, pioggia, fango e freddo caratterizzavano i mesi estivi (la foto è del giugno 1942).

Una bella immagine di un Douglas C-47 in volo sulle piramidi del Cairo nel 1944.

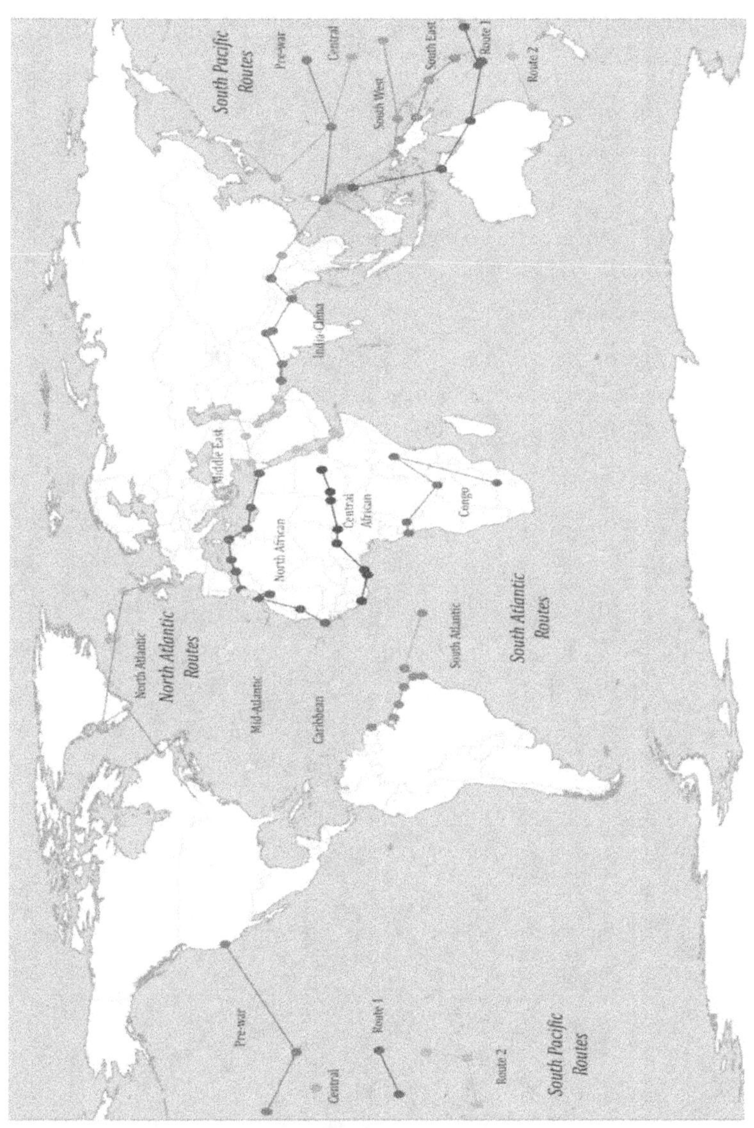

Mappa schematizzata delle principali Air Ferry Route della Seconda guerra mondiale con indicate le rotte sudamericane, africane e indiane, quelle del Nord Atlantico e quelle del sud-est asiatico e Sud Pacifico.

129

INDICE

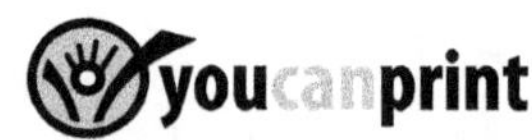

Finito di stampare nel mese di Dicembre 2018
per conto di Youcanprint *Self-Publishing*